KB215583

공짜로는 알 수 없는 절세 비법

전자상거래

공짜로는
알 수 없는
절세 비법

전자상거래

여의도
책방

차례

PART 1
전자상거래 사업자등록의 특징은?

PART 5
사업용 계좌, 사업용 카드로 거래하세요

PART 6
전자상거래는 현금영수증 의무발행 업종

PART 7
전자상거래 사업자를 위한 인건비 처리 A to Z

PART 8
4대보험과 두루누리 사회보험료 지원받기

PART 9
모든 사업자를 위한 가산세 절세 전략

PART 10
업무용 승용차, 어디까지 경비 처리될까

시작하며

강효정 세무사

온라인 마켓에
뛰어드신 분들께

안녕하세요. 세무법인 엑스퍼트 강남점에서 전자상거래를 전문으로 세금 관리해 드리는 강효정 세무사입니다.

지금 이 책을 선택하신 분이라면 전자상거래를 이제 막 시작했거나, 시작하려 하시거나, 진작 시작했지만 세금 관리가 어려운 분들이실 테지요.

좋습니다. 전부 잘 찾아오셨습니다. 지금부터 전자상거래를 운영하면서 발생할 수 있는 모든 세금에 대해 알려드리려고 합니다. 제가 9년 동안 2000여 명의 사업자들과 상담하면서 터득한 노하우를 아낌없이 풀겠습니다.

온라인 마켓을 해야 하는 이유

국내 전자상거래 시장은 2022년도에 전체 소매시장(484조 원 규모)에서 43%의 점유율을 기록했습니다. 2023년 상반기에는 전자상거래 점유율은 무려 49.5%까지 올라갔죠.

글로벌 전자상거래 점유율이 20%대에 불과하며, 특히 신선식품을 포함한 식품 시장의 전자상거래 점유율은 10%대 미만입니다. 하지만 국내 전자상거래 점유율은 절반에 육박하고 특히 식품 시장은 새벽 배송 등 콜드체인 인프라의 공격적인 확장 덕분에 점유율이 30%대를 넘어서는 등 우리나라는 전 세계에서 가장 전자상거래 침투율이 높은 나라 중 한 곳입니다.

이렇게 온라인 마켓이 흥하는 이유 중 하나는 바로 비용 효율성 때문일 것입니다. 오프라인 매장을 운영하기 위해서는 임대료, 인테리어 등 여러 가지 비용이 발생합니다. 실제로 사업장을 꾸려보면 시작부터 목돈이 빠져나가고 사업 중간중간 생각지도 못한 지출이 생깁니다. 그에 비해 온라인 마켓을 운영하는 데는 훨씬 적은 돈이 듭니다. 특히 쿠팡, 스마트스토어, 큐텐, 쇼피, 아마존 등 이미 구축

된 전자상거래 플랫폼을 이용하면 별도의 웹사이트 구축 비용 없이도 판매를 시작할 수 있습니다.

국내 또는 전 세계로

온라인 마켓의 또 다른 장점은 국내뿐만 아니라 전 세계의 소비자에게 상품을 판매할 수 있다는 점입니다. 오프라인 매장은 특정 지역에 제한되지만, 온라인 마켓은 인터넷만 연결되면 지리적 한계를 넘어 글로벌 시장을 타겟팅할 수 있습니다. 이는 더 큰 시장에서 더 많은 소비자를 대상으로 비즈니스를 할 수 있다는 의미입니다.

국내 전자상거래 플랫폼 종류

우리나라 온라인 시장에서는 쿠팡과 네이버 스마트스토어가 주요 플랫폼으로 자리 잡았습니다. 2022년 말 거래액 기준으로 쿠팡이 점유율 34.5%로 1위를 기록했습니다. 네이버는 약 23%, SSG.COM 및 G마켓은 약 10%입니다. 뒤를 이어 11번가, 카카오, 롯데온 등이 있습니다.

외국 전자상거래업 종류

글로벌 시장에도 다양한 전자상거래 플랫폼이 있습니다. 주요 플랫폼들은 다음과 같습니다.

아마존(Amazon): 세계 최대 전자상거래 플랫폼입니다. 원래라면 각 셀러가 직접 해야 하는 상품 포장 및 배송, 교환, 반품 등을 아마존에서 대신 맡아주는 FBA 시스템이 존재합니다. 또한 고객이 아마존 프라임(유료)을 이용할 경우 상품을 2일 내로 받아볼 수 있습니다. 미국 내 기존 배송일은 일주일 이상이라는 점에서 우리나라 로켓배송과 유사한 서비스를 제공하는 것입니다.

이베이(eBay): 글로벌 전자상거래 플랫폼으로 다양한 상품을 판매할 수 있습니다. 중고 물품을 포함해 무엇이든 팔 수 있고, 경매 형태로 판매가 가능합니다.

엣시(Etsy): 핸드메이드, 빈티지 아이템 등을 판매하는 플랫폼입니다. 창의적인 제품을 주로 다룹니다.

라자다(Lazada): 동남아시아를 대표하는 플랫폼입니다. 사업자등록이 있어야 셀러로 입점 가능합니다.

쇼피(Shopee): 라자다와 함께 동남아에서 인기가 많은 플랫폼입니다. 브라질, 멕시코 등에도 진출했습니다.

큐텐(Qoo10): 아시아 전역에서 활동하는 플랫폼입니다. 한국 셀러들은 주로 큐텐 재팬에 화장품 등을 판매합니다.

라쿠텐(Rakuten): 일본의 대표적인 전자상거래 플랫폼입니다. 개인사업자는 입점이 불가하고 1년 이상 영업한 법인만 입점 가능합니다.

줌(Joom): 유럽의 대표 온라인 상거래 플랫폼입니다.

빠르게 성장하는 온라인 시장에서 사업을 성공적으로 운영하기 위해서 반드시 알아야 할 것이 있습니다. 바로 세무입니다. 이 책에서는 온라인 사업을 운영하며 필수적으로 만나게 되는 세무 관련 사

항을 알려드리고, 과한 세금 문제를 예방할 수 있게
도움을 드리려고 합니다. 준비되셨다면 함께 시작
해 볼까요?

초보 사장님을 위한
세금 필수 용어 20가지

워밍업 느낌으로 먼저 읽어보시면 좋을 세금 필수 용어들입니다. 당장 이해가 안 가도 걱정하지 마세요. 본문을 모두 읽고 나면 무슨 뜻인지 확실히 알고 활용하실 수 있게 될 거예요.

사업자등록증
국세청에 등록하여 발급받는 사업자 인증서. 세금 신고 및 사업 활동의 출발점.

사업소득
개인사업자가 벌어들인 소득의 한 종류로, 종합소득세 신고 시 포함됨.

기타소득

일시적 수입 등, 사업소득 외의 수입. (예: 광고 수입, 인플루언서 협찬 수익 등)

현금영수증

개인 소비자 또는 사업자에게 발급하는 소득공제 및 지출증빙 영수증. 현금 B2C 거래 시 매출을 증빙하거나, 매입을 증빙할 때 사용.

전자세금계산서

국세청에 실시간 전송되는 전자 형태의 세금계산서. B2B 거래 시 필수.

간이과세자

연 매출 1억 400만 원 미만인 소규모 사업자. 부가가치세 납부가 간편하며 세율이 낮음.

일반과세자

연 매출 1억 400만 원 이상인 사업자. 매출 · 매입 세액을 계산해 부가세를 신고 · 납부.

부가가치세(VAT)

재화 · 용역의 소비에 부과되는 세금. 전자상거래 시 제품 판매에 부과됨(10%).

부가세 신고

1년에 2회(1월, 7월) 사업자가 부가세를 국세청에 신고하고 납부하는 절차.

공급가액

부가세를 제외한 상품 또는 용역의 실제 판매 금액.

매출세액

고객에게 받은 부가가치세 금액.

매입세액

사업 활동에 필요한 물건이나 서비스 구입 시 부담한 부가세. 매출세액에서 공제 가능.

과세표준

세금을 계산하기 위한 기준이 되는 금액. 소득세 · 부가세 등을 부과할 때 기준이 됨.

종합소득세

1년간 벌어들인 모든 소득에 대해 부과되는 세금.
개인 사업자는 매년 5월에 신고(성실사업자는 6월에
신고).

수입금액

한 회계 기간 동안 벌어들인 총 매출. 소득세법상
여러 기준 적용에 사용됨.

필요경비

사업 운영에 필요한 비용으로, 세금 계산 시 총수입
에서 제외됨.

소득공제

과세표준에서 제외되는 금액. 종합소득세 줄이기
에 중요.

원천징수

외주 인력, 프리랜서, 근로소득자 등에게 소득을 지
급할 때 세금을 미리 떼고 납부하는 제도.

세액공제

산출된 세금에서 일정 금액을 직접 차감해주는 제도. (예: 전자신고 세액공제)

가산세

세금 신고 누락, 지연 시 부과되는 벌금. 주의 필요

PART 1

전자상거래
사업자등록의
특징은?

사업을 시작하기로 마음먹었다면, 우선 국세청에 사업자등록을 해야 합니다. 그런데 막상 하려고 보니 이것저것 선택하고 기재할 사항이 많습니다. 플랫폼에 입점하기 위해서는 사업자등록이 필수일까요? 이는 각 플랫폼에 따라 다릅니다.

꼭 사업자등록을
해야 할까

쿠팡, 위메프, 옥션, G마켓, 에이블리, 바이마, 무신사, 라자다 등은 사업자등록이 필수입니다. 사업자로 등록하지 않으면 판매할 수 없습니다.

네이버 스마트스토어는 개인과 사업자 모두 판매자(셀러)로 가입할 수 있습니다. 사업자 판매자로 등록하려면 사업자등록증, 통신판매업 영업허가증, 대표자 인감증명서, 대표자 또는 사업자의 통장 사본이 필요합니다.

사업자등록 안 하면 세금 안 내도 되잖아요?

플랫폼들은 매출 정보를 주기적으로 국세청에 신고하기 때문에, 개인 판매자로 수익이 나는 경우에도 세금 문제를 피할 수 없습니다.

오픈마켓 플랫폼들은 사업자들이 얼마나 벌었는지 국세청에 정기적으로 신고합니다. 예를 들어, 쿠팡이나 네이버 스마트스토어에서 매출이 생겼다면 사업자등록을 하지 않았더라도 국세청에 신고해야 합니다. 종합소득세 신고 때 안내문을 받아보면 자신의 수익이 그대로 노출되는 것을 확인할 수 있습니다.

글로벌 마켓을 통해 제품을 판매한다면 국세청이 당장 내 매출 규모를 모를 수도 있습니다. 하지만 해당 글로벌 플랫폼과 협업으로 언제든지 매출 규모를 파악할 수 있고, 신고하지 않은 경우 국세청이 5년 치 세금을 한 번에 부과할 수 있습니다.

또한, 감면 혜택은 사업자등록을 해야만 받을 수 있습니다. 그렇기 때문에 일단 ① 부업 실험을 하느라 개인 판매자로 냈는데 매출이 지속적으로 나는 경우, ② 본업으로 시작하려는 경우에는 사업자등록을 하고 사업을 진행하시는 것이 유리합니다.

해외 플랫폼은 신고 안 해도 안 걸린다던데?

몇 가지 예시를 들면 틱톡, 에어비앤비 또한 외국 플랫폼이라 국내 사업자가 얼마나 버는지 모르기 때문에 사업자등록도 안 하시는 분들이 많았습니다. 하지만 최근 국세청이 틱톡, 에어비앤비와의 협업으로 매출 자료를 받기 시작하면서 5년 치 세금이 한 번에 부과되었습니다. 사업자등록 없이 운영하신 분들은 증빙을 미리 챙긴 적이 없으니 사업자등록을 하고 정상 운영한 사업자들보다 더 많은 세금을 내게 되었습니다. 이처럼 전자상거래도 마찬가지로 국세청은 언젠간 나의 매출을 다 파악할 수 있으며 몇 년 치를 소급해서 세금을 부과합니다.

사업자로 등록하면 세금 폭탄 맞는 거 아닌가요?

전자상거래의 경우, 사업자로 등록하면 지역과 나이에 따라 소득세, 법인세 세금 감면 혜택이 50~100%까지 주어지기 때문에 오히려 더 유리합니다.

특히 글로벌 셀러의 경우 외국 판매에 따른 부가세 매입세액(매입액의 10%) 환급 혜택도 있기 때문에 사업자등록을 하는 것이 유리합니다.

또한 세금 신고를 하지 않을 경우 무신고 가산세, 납부 지연 가산세 등 어마어마한 가산세가 기다리고 있습니다.

TIP **개인 셀러의 제한**

네이버 스마트스토어의 개인 판매자는 추가 스토어 개설이나 네이버 쇼핑 검색 광고를 할 수 없다는 점도 알아두세요.

사업자등록
하는 법

사업자등록 전에 준비할 것

1. 업종코드 정하기
2. 임대차 계약서
3. 상호명 정하기
4. 개인과세자, 법인과세자 중 선택
5. 일반과세, 간이과세 중 선택(개인사업자만 선택하면 됩니다. 법인사업자는 간이과세가 불가합니다.)

사업자등록 신청 방법

관할 세무서를 방문하시거나 홈택스 사이트에서

직접 신청하실 수 있습니다.

홈택스 신청 방법

홈택스 접속 → 증명·등록·신청 → 사업자등록 신청·정정·
휴폐업 → 개인 사업자등록 신청

홈택스에서 사업자등록 신청하기

신청서 작성 후 관련 서류를 업로드하면 신청이 완
료됩니다. 처리 기한은 신청 당일부터 3일 이내입
니다.

업종코드,
뭘로 내야 유리할까

사업자등록을 할 때 가장 먼저 고민되는 부분 중 하나는 어떤 업종코드로 등록해야 하는지입니다. 사업자등록 업종코드는 판매 유형(수입/드랍쉬핑/구매대행/사입)에 따라 달라집니다. 사업의 유형에 따라 세무 처리 방법이 달라지기 때문에 어떤 업종코드를 선택하느냐는 매우 중요합니다. 판매 유형별로 어떤 업종코드를 선택해야 할지 알아보겠습니다.

판매 유형별 업종코드

사입: 525101

재고를 보유하고 소비자에게 직접 판매하는 방식

입니다. 예를 들어 제조사나 도매상에서 상품을 구매하여 재고로 보유한 후 판매한다면 일반적으로 도소매 업종코드인 525101이 적합합니다.

드랍쉬핑(위탁판매): 525101

재고를 보유하지 않고 고객의 주문이 들어오면 공급처에 주문을 넣어 바로 배송하는 방식입니다. 드랍쉬핑은 소매업 525101로 분류할 수 있습니다.

구매대행: 525105

외국에서 고객을 대신해 상품을 구매하고 이를 국내로 수입하여 고객에게 배송하는 서비스입니다. 이 경우 외국직구대행업 525105로 등록할 수 있습니다.

제조: 151101~922106

제품을 직접 제조하는 경우, 해당 제품의 품목에 따라 다양한 제조 업종코드가 존재합니다. OEM, ODM 방식으로 제조하여 판매하는 경우도 포함됩니다. 품목에 따라 151101부터 다양합니다. 사업자라면 다음 경로로 홈택스 사이트에서 업종별 코드를 확인할 수 있습니다.

홈택스 접속 → 세금신고 → 종합소득세 신고 → 신고도움 서비스 →기준 단순경비율(업종코드) 조회 → 업종코드 다운로드

TIP 구매대행 주의사항

구매대행은 매출 신고 방법이 사업과는 다르게 적용됩니다. 또한 구매대행은 다음 요건을 만족해야 합니다.

- 외국 물품이 국내 통관될 때 국내 구매자 명의로 통관되어 구매자에게 직배송될 것.
- 국내에 창고 등의 보관 장소가 없고, 별도 재고를 보유하지 않을 것.
- 판매 사이트에 외국 직구 대행임을 명시할 것.
- 주문 건별로 대행 수수료를 산출하고, 해당 산출 근거 및 증빙을 보관할 것.

TIP 구매대행과 사업 둘 다 한다면, 사업자도 두 개로

구매대행과 사업은 매출 집계와 매입 비용 공제부터 전혀 다른 체계를 가졌습니다. 그렇기 때문에 사업자를 분리하여 2개의 사업자로 운영하시는 것을 추천드립니다.

국내 OEM, 국외 OEM을 구분할 것

OEM 제조 방식이란 내가 제품을 직접 제조하지 않고 다른 업체에 의뢰하여 제조하는 것을 말합니다. 조건은 다음과 같습니다.

○ 생산할 제품을 직접 기획할 것.
○ 해당 제품을 자기 명의로 제조할 것.
○ 해당 제품을 인수하여 자기 책임하에 직접 판매할 것.
○ 제조업체 사업장이 국내 또는 개성공업지구지원에 관한 법률에 따른 개성공업지구에 소재하는 업체일 것.

국내 OEM은 제조로 보지만, 국외 OEM은 '감면 업종 판단' 시 제조업으로 보지 않고 도소매로 분류합니다. 도소매로 분류될 경우 법인세·소득세 감면율이 10%, 제조로 분류될 경우 감면율이 20%입니다.
이에 대한 규정을 놓쳐서 세금을 토해 내는 사례가 많습니다. 국외 OEM은 10% 세율을 적용해야 하는데 20% 감면 세율로 잘못 적용했다가 이후 가산세를 내게 되는 것이죠. 따라서 국내 OEM과 국외 OEM을 꼭 구분해야 합니다.

일반과세자
vs. 간이과세자

사업자등록을 할 때에는 일반과세자와 간이과세자, 과세사업자와 면세사업자를 구분해야 합니다. 일반과세자와 간이과세자는 부가가치세 납부 방식, 세금 계산서 발행, 매출 규모 등의 차이에 따라 구분됩니다. 각각의 차이점을 자세히 살펴보겠습니다.

일반과세자

대상

연 매출액이 1억 400만 원을 초과하는 사업자 또는 전문 직종(예: 변호사, 의사 등) 등 대부분의 사업자.

특징

매입세액 공제 덕분에 사업 운영에 필요한 재화와 용역에 대한 부가세 부담을 줄일 수 있습니다. 하지만 간이과세자에 비해 부가가치세 신고가 복잡하고, 세금 부담이 더 클 수 있습니다.

부가가치세

매출액의 10%를 부가가치세로 부과합니다. 매출세액에서 매입세액을 공제한 금액을 납부하므로, 매입세액 공제를 받을 수 있습니다.

신고

부가가치세 신고는 1년에 4회(1월, 4월, 7월, 10월) 분기별로 신고 및 납부해야 합니다. 다만 4월, 10월 신고분의 경우 개인사업자 및 전기 공급가액 1억 5000만 원 미만 소규모 법인의 경우는 고지[1] 로 대체됩니다.

---

1 개인사업자나 전기 공급가액 1억 5000만 원 미만의 소규모 법인은 별도로 부가가치세 신고를 하지 않아도 세무서에서 미리 계산한 세금(부가세)을 납부하도록 안내합니다. 단, 고지된 금액이 50만 원 미만인 경우 납부를 하지 않고 1월 또는 7월에 실제 계산된 부가세만 납부합니다.

세금계산서 발행

세금계산서 발행 의무가 있습니다. 발행하지 않을 경우 가산세가 부과될 수 있습니다.

간이과세자

대상

연 매출액이 1억 400만 원 이하인 소규모 사업자.

특징

세금 부담이 일반과세자보다 적고, 신고 및 납부 절차가 간소화됩니다. 다만 매출세액이 매입세액보다 적은 경우 환급이 불가능하기 때문에 경비에 대한 부가세를 돌려받을 수 없습니다.

부가가치세

매출액에 대한 부가세는 전자상거래의 경우 10%가 아닌 1.5%로 낮은 세율을 적용합니다. 매입액에 대한 부가세는 10%가 아닌 0.5%가 반영됩니다.

신고

부가가치세 신고는 1년에 1회, 1월에만 신고 및 납부합니다.

세금계산서 발행

직전 년도 공급대가가[2] 4800만 원 미만인 경우 세금계산서 발행을 할 수 없으며 현금영수증이나 카드 매출전표를 발행해야 합니다.

일반과세자 vs. 간이과세자

항목	일반과세자	간이과세자
연 매출 기준	1억 400만 원 초과	1억 400만 원 이하
부가세 세율	10%	전자상거래 1.5%
부가세 신고 횟수	연 4회(분기별)	연 1회(1월)
환급	가능	불가능
세금계산서 발행 의무	있음	없음(일부 간이과세자는 발행 대상)

---

2   공급가액은 부가세를 제외한 금액, 공급대가는 부가세를 포함한 금액을 말합니다.

간이과세자로 등록했을 때의 단점

세무 관리를 처음 시작할 때 많은 사업자들이 고민하는 것이 간이과세자와 일반과세자 중 어느 것으로 등록해야 유리할지입니다. 간이과세자 제도는 매출 규모가 작은 사업자를 위해 설계되었으며, 부가가치세의 부담을 크게 줄여줍니다. 하지만 간이과세자로 등록하는 것이 항상 최선은 아닙니다. 간이과세자는 부가가치세를 적게 내는 혜택을 받을 수 있지만, 중요한 제약이 하나 있습니다. 바로 부가가치세 환급을 받을 수 없다는 점입니다.

국내 시장에서 사업을 하는 경우, 초기에는 간이과세자로 시작하는 것이 유리합니다. 하지만 글로벌 시장에서만 판매하는 경우 일반 10%, 간이 1.5%가 아닌 0% 세율을 적용받을 수 있습니다. 일반과세자라면 국내에서 구매한 상품에 대한 부가가치세 10%를 환급받을 수 있는데 간이과세자는 환급이 불가능합니다. 따라서 글로벌 셀러는 일반과세자가 유리한 것입니다.

부가세 구조는 '매출세액－매입세액＝납부세액'입니다. 매출세액 〉매입세액이라면 '납부', 매출세액 〈 매입세액이라면 '환급'이 나오는데 매출세액이 0이면, 늘 매출세액 < 매입세액이기 때문에 환급이 나올 수밖에 없는 구조입니다. 그런데 간이과세자는 매출세액이 매입세액보다 적어도 환급을 받을 수 없는 것이죠.

부가세 구조: 매출세액-매입세액=납부세액(또는 환급세액)

간이과세자는 부가세 부담을 줄이는 대신, 환급은 불가능하기 때문에 글로벌 셀러라면 일반과세자로 등록하는 것이 유리합니다.

상담을 하다 보면, 세무 처리를 혼자서 하시다가 간이과세자로 등록해 환급을 못 받아 손해를 보신 사업자분들이 많습니다. 또한 쿠팡 로켓배송에 입점을 하려면 '일반과세자'만 가능하기 때문에 간이과세자를 포기하고 일반과세자로 전환하여 로켓배송에 입점하는 경우도 있습니다.

TIP 매출이 적어도 일반과세를 선택해야 할 때

- 업종, 규모, 지역 등을 고려하여 간이과세 배제업종(세무사, 회계사, 부동산 관련 업종 등)이 있습니다.
- 시설 투자, 공사비 등이 발생한 경우 매입세액 공제가 가능한 일반과세자가 유리할 수 있습니다.

- 거래 상대방이 최종 소비자가 아닌 일반사업자가 많다면 거래처에 세금계산서를 발급해 주어야 하므로 일반과세가 유리할 수 있습니다.

TIP 간이과세자에서 일반과세자로 바꾸고 싶다면?

이미 간이과세자로 등록했지만 일반과세자로 바꾸고 싶다면, 간단하게 간이과세자를 포기하면 됩니다. 홈택스에서 간이과세 포기 신고서를 제출하면 다음 달부터 일반과세자로 변경할 수 있습니다. 예를 들어 3월 15일에 간이과세자를 포기하면, 4월부터 일반과세자로 적용받게 됩니다.

간이과세자에서 일반과세자로 변경한다면 부가세 신고 기간도 임시적으로 변경됩니다. 간이과세자 기간 동안의 부가세는 별도로 신고해야 하며, 간이과세를 포기한 달의 다음 달 25일까지 신고를 해야 합니다. 이후의 신고 기간은 정규 신고 기간에 따라 진행됩니다.

예를 들어 3월 15일에 간이과세 포기 신고서를 제출했다면 4월부터 일반과세자로 변경됩니다.

- **1~3월 매출 및 매입**: 이 기간에 대한 '간이과세자' 부가가치세 신고는 4월 25일까지 해야 합니다.
- **4~6월 매출 및 매입**: 이 기간에 대한 '일반과세자' 부가가치세는 7월 25일까지 신고해야 합니다.

○ **7~12월 매출 및 매입**: 다음 해 1월 25일까지 일반과 세자 부가세 신고해야 합니다.
○ **그다음 연도 1~6월**: 같은 해 7월 25일까지 신고해 야 합니다.
○ **그다음 연도 7~12월**: 다음 해 1월 25일까지 신고해 야 합니다.

특히 간이과세자에서 일반과세자로 변경한 후에는 신고 기한을 놓치지 않도록 주의해야 합니다. 사업자분들이 혼자 세무를 관리하실 때 변경 후 신고 기한을 놓쳐 저희가 발견 후 뒤늦게 신고해 드린 적이 많았습니다.

TIP 사업자 더 내고 싶은데, 간이과세자로 낼 수 있나요?

전자상거래업을 하시는 경우, 사업자를 여러 개 가지신 경우가 많습니다. 일반과세자를 한 개라도 가지고 있다면 추가로 간이과세자로 사업자를 낼 수 없으니 주의하시기 바랍니다.

TIP **스마트스토어 양도·양수 시 세금 처리**

스마트스토어를 운영하다가 사업을 양도하거나 양수할 때는 몇 가지 중요한 세금 처리 절차가 필요합니다.

스마트스토어 양도양수 절차

① **포괄양수도계약서 작성**: 사업 양도양수 시 계약서는 거래의 법적 근거를 마련해 줍니다. 이 계약서에는 양도인과 양수인의 정보, 거래 조건, 양도되는 자산의 명세 등이 포함돼야 합니다.

② **대표자 변경**: 스마트스토어 판매자 센터에서는 사업 양도 후 대표자 변경 절차를 진행해야 하며, 네이버 공식 절차에 따라 이루어집니다.

③ **양도인의 폐업 증명**: 양도인은 사업을 정식으로 양도하기 전에 폐업 증명서를 발급받아야 합니다. 이는 양수인이 새로운 사업자로서 사업을 승계하는데 필요한 서류입니다.

세금 처리

• **양도 시점**: 스마트스토어 양도 시에는 양도인과 양수인 모두 세금 신고를 주의 깊게 처리해야 합니다. 양도인은 양도하는 사업에 대한 최종 세금 처리를 완료해야 하며, 양수인은 새로운 사업자로서의 세금 신고를 시작해야 합니다.

• **법인 양도 경우**: 법인의 경우 주주 변경을 통해 양도

가 이루어집니다. 이는 주식의 매매 혹은 이전을 통해 이루어지며, 관련 세금 처리도 복잡하게 진행됩니다.

주의사항

- **스토어명 변경 제한**: 스마트스토어의 경우 스토어명은 한 번만 수정할 수 있으며, 이후에는 사업자등록증상의 변경된 상호로만 변경이 가능합니다.
- **양도양수 대상 제한**: 네이버는 양도양수 가능 대상을 국내 판매자로 제한하며, 특정 조건(예: 가족 간 거래, 폐업 시)에서만 양도양수가 가능합니다.
- **세무 처리**: 스마트스토어 양수 대가는 '권리금'으로 볼 수 있으며 양수하는 사람이 8.8% 세금을 제외한 대금을 지급하고, 8.8% 세금은 세무서에 대납을 해야 합니다. 대납을 하기 위해서는 양수인이 원천세 신고를 별도로 해야 합니다.
- **창업감면 제한**: 사업을 양수받은 경우에는 창업으로 보지 않아 창업감면에 해당되지 않으므로 주의해야 합니다.

과세사업자
vs. 면세사업자

과세사업자란?

매출(판매) 시 소비자에게 부가가치세를 부과하여
받고, 일정 기간마다 세무서에 신고하고 납부하는
사업자를 말합니다.

일반적으로 '납부할 부가가치세＝매출세액－매
입세액'입니다. 예를 들어 한 카페 사업자가 커피
를 판매하면, 고객이 지불하는 금액에는 부가가치
세 10%가 포함됩니다. 이것이 매출 부가가치세입
니다. 과세사업자는 매출 부가가치세에서 매입 부
가가치세를 차감한 후, 그 차액을 세금으로 납부합
니다.

카페 사업자가 납부해야 할 부가세 = 600원-500원 = 100원

면세사업자란?

부가가치세만 면세되는 사업자입니다. 매출 시 소비자에게 부가가치세를 징수하지 않습니다. 면세사업자는 부가세 신고가 아닌 면세사업장 현황 신고로 매출·매입 신고를 합니다.

면세사업자는 부가가치세를 납부하지 않지만, 종합소득세나 법인세는 일반과세사업자와 동일하게 납부해야 합니다.

또한 매입 시 지출한 부가가치세에 대한 공제나 환급을 받을 수 없습니다.

면세사업자의 불리한 점

매입비용에 대해 부가가치세 공제를 받을 수 없기 때문에, 초기 투자 비용이 큰 경우 오히려 불리할 수 있습니다.

수출업이라면 영세율 제도[3]를 통해 매출 부가세 납부 없이 매입세액 공제를 받을 수 있기 때문에 과세사업자로 등록하는 것이 더 유리합니다.

면세사업자 가능한 업종

기초생활 필수품 관련 업종

정육점, 농산물 판매, 연탄 판매, 주택 임대, 여성 위생용품 판매 등.

국민 후생 용역

의료(병원, 의원, 치과, 한의원), 학원, 버스, 지하철, 국

---

3 부가가치세 세율은 10%지만 국외 판매분, 수출, 글로벌 마켓은 0% 세율을 적용해 이를 영세율이라고 합니다. 따라서 매출세액은 0원이 되고, 매입세액만 있으니 '환급'이 나올 수밖에 없습니다.

민주택 건설업 등.

문화 관련 재화 및 용역

도서, 잡지, 신문, 박물관 등.

기타

금융보험업, 토지 공급 등.

겸영사업자

면세사업과 과세사업을 동시에 하는 사업자를 의미합니다. 예를 들어 흰 우유와 딸기 우유를 같이 판다면 흰 우유는 면세 상품, 딸기 우유는 과세 상품입니다.

겸영사업자의 경우, 과세사업 부분에 대해서는 매입세액 공제와 환급을 받을 수 있으며 공통사용 부분은 매출 비율에 따라 매입세액 공제를 받을 수 있습니다.

주의사항

면세사업을 운영하지 않는 자가 면세사업자로 신청할 경우, 사업자등록 단계에서 반려될 수 있습니다.

과세사업을 면세사업으로 속일 경우, 나중에 본래 세금에다 가산세까지 추가로 납부해야 하므로 주의해야 합니다.

학원의 경우 주무관청의 허가 또는 인가를 받거나, 등록한 경우 면세 적용이 가능합니다. 허가 또는 인가 시에 지역, 업종에 따른 최소 시설 요건이 필요합니다.

면세사업자, 과세사업자 표시

플랫폼마다 상품 등록 시에 해당 물품이 면세 물품인지 과세 물품인지 구분하게 되어 있습니다. 겸영사업자인 경우 해당 구분을 잘 해둬야 부가세 신고 시에도 문제없이 신고할 수 있습니다.

TIP 최적의 사업자등록 전략

○ **드랍쉬핑(위탁판매)**: 간이과세자 등록이 적합합니다. 매출 규모가 작고, 세금 환급 구조가 필요 없는 경우입니다.
○ **글로벌 마켓에서만 판매**: 일반과세자로 등록하는 것이 좋습니다. 환급을 받을 수 있으므로 세금 부담을 줄일 수 있습니다.
○ **국내 마켓에서만 판매**: 간이과세자로 등록하면 부가세를 줄일 수 있습니다.

TIP 폐업일 변경하고 싶다면?

이미 폐업신고를 했는데 세금 정산이나 임대차 문제 때문에 폐업일 변경이 필요한 경우가 있습니다. 실제 영업 종료일과 신고한 폐업일이 다르다면 변경 가능합니다. 관할 세무서에 증빙 자료를 가지고 가서 폐업일자 정정신고를 하면 됩니다.

PART 2

온라인 셀러는
다 개인사업자?

개인사업자와 법인사업자는 사업을 운영하는 두 가지 주요 형태라고 생각하시면 됩니다. 각각의 장단점이 있어 사업의 규모, 성격, 미래 계획에 따라 유리한 선택이 달라질 수 있죠. 다양한 관점에서 유리한 방향을 설명드리겠습니다.

2-1
개인사업자
vs. 법인사업자

세율

개인사업자는 소득세가 부과되며, 구간별 누진세율이 적용됩니다(6~45%). 소득이 높아질수록 세금 부담이 커지는 것입니다. 반면 법인사업자는 법인세율(9~24%)이 적용되며, 개인사업자보다 비교적 낮은 세율을 적용받을 수 있습니다.

다만 법인사업자의 대표자가 근로소득을 받을 경우 그의 소득세가 추가로 부과됩니다. 그렇기 때문에 단순히 개인사업자, 법인사업자 세율만 비교하기보다는 대표자가 근로소득을 가져올 때의 세금까지도 고려해야 합니다.

온라인 셀러는 다 개인사업자?

세무 처리의 복잡성

개인사업자는 상대적으로 세무 처리가 간단하며, 일정 매출 이상일 때만 복식부기 장부를 작성하게 되어 있습니다.

법인사업자는 재무제표 작성, 법인세 신고, 배당소득 처리 등 절차가 복잡하기 때문에 세무 전문가가 아닌 개인이 처리하기 어렵습니다.

같은 이유로 세무 대리인에게 맡겼을 때 개인사업자와 법인사업자의 기장료에도 차이가 있습니다.

자금 조달의 용이성

법인사업자는 외부 투자 유치 및 대출이 상대적으로 유리합니다. 주식 발행을 통한 자본 확보가 가능하며, 법인의 신용도가 높아지면 대출 금리 등에서도 유리한 조건을 얻을 수 있습니다. 반면 개인사업자는 개인 신용에 의존해야 하며, 자금 조달에 한계가 있습니다.

인건비 처리

개인사업자는 사업주의 급여를 비용으로 처리할 수 없으며, 수익이 곧 소득으로 계산됩니다. 반면 법인 사업자는 대표이사에 대한 급여를 책정하여 비용 처리할 수 있습니다.

사업의 성장성

법인사업자는 규모가 커질수록 경영과 세금 측면에서 유리합니다. 자본 확충과 외부 투자 유치가 용이해 성장 가능성이 크며, 세금 부담을 덜 수 있는 다양한 방법이 존재합니다. 개인사업자는 성장 시 세금 부담이 증가하고, 구조적으로 외부 투자 유치 등이 법인에 비해 불리할 수 있습니다.

또한 법인에서 대표자가 당장 근로소득을 가져가지 않을 경우, 소득세율보다 법인세율이 낮아 세금으로 내야 하는 금액이 적기 때문에 법인 확장을 위한 투자금을 모으기도 용이합니다.

예를 들어 법인 이익이 1억 원이면 법인세와 지방세를 합해 9.9% 세율이 적용됩니다. 다만 여기서 법인 대표가 근로소득을 7000만 원으로 설정한다면 법인 이익 1억 원에서 법인대표의 급여 7000만 원을 뺀 3000만 원(4대보험 계산은 예외로 하겠습니다)에 대해서만 9.9% 법인세율이 적용됩니다. 그리고 법인대표자에게는 7000만 원에 대한 소득세가 부과됩니다. 개인소득세 세율은 6~45% 세율로 편차가 크기 때문에, 대표자가 근로소득을 얼마로 가져가느냐에 따라 총 세금이 달라지게 되는 것입니다.

사회적 신뢰도

법인은 사회적 신뢰도가 높아 비즈니스 파트너와의 거래, 정부 지원, 금융 기관의 대출 등에서 유리합니다. 개인사업자는 상대적으로 신뢰도가 낮아 거래 상대방에게 덜 매력적일 수 있습니다.

사업의 연속성

개인사업자는 대표자의 사망이나 퇴임 시 사업이

종료됩니다. 법인사업자는 대표자 교체가 가능하며, 지속적으로 사업을 이어나갈 수 있습니다.

배당 및 이익 분배

개인사업자는 수익이 곧 개인 소득으로 귀속되므로, 별도의 이익 분배 절차가 필요 없습니다. 법인사업자는 이익을 배당 형태로 주주들에게 분배하며, 배당에 따른 소득세가 추가로 발생할 수 있습니다. 여기서 주주를 가족 등으로 구성할 경우 이익 분산 효과가 발생하여 전체적인 절세 효과가 있습니다.

정부 지원 및 혜택

법인사업자는 각종 정부 지원 사업이나 세제 혜택을 받을 기회가 더 많습니다. 특히 창업 초기에 법인은 세금 감면 및 지원금 혜택이 주어집니다. 하지만 전자상거래는 보통 부업 형태로 시작하는 경우가 많아서 저는 개인사업자로 시작하시는 것을 추천드립니다. 추후 법인 전환 시 개인사업자의 상표권, 영업권을 평가해 법인에게 넘겨 대가를 받을 수도 있기 때문에 처음부터 복잡한 법인사업자보다는 개인사업자로 등록해 초기 간이과세자 등 세금 혜택을 받는 것이 유리합니다.

개인사업자 vs. 법인사업자

	개인사업자	법인사업자
세율	누진세율(6~45%)	법인세율(9~24%)
세무 처리	간단	복잡(재무제표, 법인세 신고)
자금 조달	개인 신용에 의존	외부 투자 및 대출 용이
책임 범위	무한 책임	유한 책임
인건비 처리	사업주 급여를 비용 처리 불가	대표이사 급여를 비용 처리 가능
성장성	성장 시 세금 부담 증가	자본 확충 및 세금 절감 용이
사업의 연속성	대표자 사망 시 사업 종료	대표자 사망 후에도 지속 가능
이익 분배	개인 소득으로 귀속	배당 형태로 분배, 관련 소득세 발생
정부 지원 및 혜택	제한적	다양한 세제 혜택과 지원 가능

개인사업자로 시작해 볼까

개인사업자로 시작하는 이유

저렴한 설립 비용

법인을 설립하는 데는 일정한 비용(법무사 수수료, 세금 등)이 발생합니다. 초기 비용을 절약하고 싶다면 개인사업자가 유리합니다.

세무 처리의 단순성

개인사업자는 세무 관리가 상대적으로 간단하며 세무사를 고용했을 때에도 기장 비용이 법인에 비해 저렴합니다.

부가세 및 종합소득세 혜택

소규모 개인사업자는 부가가치세 및 종합소득세에서 다양한 혜택을 받을 수 있습니다. 예를 들어 매출 부가가치세가 10%가 아닌 1.5%로 부과되거나 또는 기장세액 공제(세금의 20%, 최대 100만 원) 등이 있습니다.

법인사업자의 장점

법인은 세금 면에서 장기적으로 절세 효과를 볼 수 있으며, 사업의 신뢰도를 높일 수 있습니다. 하지만 초기 사업자는 법인보다 개인사업자로 운영하는 것이 경제적으로 유리합니다. 저희 고객분들께도 추후 이익이 많이 생길 때(최소 1~2억 원 이상, 상황에 따라 다름) 법인으로 전환하는 것을 추천드리고 있습니다.

법인사업자 추천 유형

○ 이미 주문 물량이 많은 상황이라서 1년에 이익이 1억 이상 바로 나온다.
○ 라쿠텐 입점을 원한다.

○ 창업 첫해, 매출 10억 원 이상으로 예상된다.

TIP **법인 전환은 언제 해야 하나요?**

보통 연간 이익이 1억 원 이상이거나 매출이 10억 원 이상이라면 법인 전환을 검토하시는 것이 좋습니다. 다만 사업을 얼마나 운영할 것인지, 확장성은 어떻게 되는지, 은퇴 시기와 부동산 구입 시기 등 다양한 변수를 고려해야 합니다.

또한 플랫폼에 따라 법인 전환 시 고객 리뷰 등이 이관되지 않는 이슈가 있으니 각 플랫폼별 법인전환 정책을 확인해야 합니다.

법인 전환 시 창업 감면을 이어서 받으려면 ① 순자산 이상 자본금으로 법인설립, ② 법인설립등기 후 3개월 내 포괄 양도, ③ 포괄양수도 작성을 하셔야 합니다. 이 부분은 전문적인 지식과 경험이 필요한 영역으로, 직접 진행 시 예상치 못한 세금 리스크가 발생할 수 있습니다.

세무사는 왜 이렇게 달라는 게 많아?

세무 대리인을 통해 법인세를 신고할 때 세무사가 달라고 하는 자료가 너무 많다고 생각하시는 사업자님들이 계십니다. 통장 내역부터 대출상환 내역까지, 세무사가 요청하는 자료에는 모두 이유가 있습니다. 간단하게 설명드리겠습니다.

○ **대출 원리금 상환명세서**: 대출 잔액 확인과 이자 비용 처리를 위해 필요합니다.
○ **보험증권**: 보험 성격에 따라 비용, 자산 처리 구분을 위해 필요합니다.
○ **재고금액**: 재고금액에 따라 비용 처리되는 금액이 달라지기 때문입니다.
○ **기부금 영수증**: 기부금 비용 처리를 위해 필요합니다.
○ **해외 이용 내역**: 홈택스에서는 국내 이용만 조회되기 때문입니다.
○ **특허출원 서류**: 특허번호별로 특허권을 관리하기 위해서 필요합니다.
○ **연구소 등록 서류**: 등록일에 따라 세액공제 금액이 달라지기 때문입니다.
○ **벤처기업 확인서**: 요건이 되는 경우 감면 혜택을 위해서 필요합니다.
○ **이자수익 원천징수명세서**: 통장에 들어오는 이자는 '세후금액'입니다. 세전금액으로 이자 수익을 반영하기 위해 필요합니다.

2-3

사업자등록 주소, 집으로 내도 되나요?

사업을 시작하면서 자택을 사업자등록 주소로 사용하시려는 분들이 많습니다. 편리하고 비용도 절감할 수 있기 때문이죠. 하지만 이런 결정을 내리기 전에 몇 가지 고려해야 할 사항이 있습니다.

임대주택에 거주 중이라면

현재 임대주택에 거주 중이라면 집주인의 동의가 필요할 수 있습니다. 특히 집주인이 주택임대 사업자인 경우, 임차인인 우리가 자택에 사업자등록을 하면 세금이나 기타 법적 문제로 복잡해질 가능성이 있습니다. 따라서 사업자등록 전에는 반드시 집주인에게 사업자등록을 해도 되는지 확인해야 합니다.

공유 오피스 사용하기

집주인의 동의를 얻기 어렵거나 다른 문제가 예상된다면, 공유 오피스 서비스를 이용하는 방법도 있습니다.

비상주 사무실은 실제로 사무실에 상주하지 않으면서 주소와 우편, 전화 응대 서비스를 제공받는 서비스입니다. 하지만 이 경우 임대인의 폐업 같은 상황이 발생하면 갑자기 사업장 주소를 잃어버릴 위험이 있으므로, 안정적인 서비스 제공자를 선택하는 것이 중요합니다. 비용은 월 2~3만 원 사이입니다.

다만 창업 감면을 위해 실제로는 서울에서 생활하면서 '지방 비상주 주소'를 사는 경우에는 창업 감면이 부인되고 가산세가 부과될 수 있으므로 주의해야 합니다. 실제 서울에서 거주하고 서울에서 사업을 하면서 용인, 송도 등에 있는 비상주 사무실을 구매해 창업 감면을 100% 또는 50% 받으려는 사업자들이 굉장히 많습니다. 국세청에 걸리면 5년치 세금을 토하고 가산세까지 내야 합니다. 국세청은 전자상거래 사업자가 비상주 사무실을 이용하여 창업 감면 혜택을 받는 것을 충분히 인지한 상황이고, 2024년부터 비상주 사무실 모니터링팀을 신설했습니다. 최근에는 전수조사를 하겠다는 발표도 나왔으니 각별한 주의가 필요합니다.

한 주소에 여러 사업장 등록 가능?

많은 대표님들이 궁금해하시는 게 한 주소에 여러 사업장을 등록할 수 있는지 여부입니다. 이에 대한 답은 '가능하다'입니다.

한 주소지에 여러 사업장을 등록하려면 임차인은 '전대차계약서'를 작성해야 하며 '임대인의 동의'가 필요합니다. 전대차계약서는 임차인이 자신이 빌린 물건이나 부동산(예: 건물, 방, 토지 등)을 제3자에게 다시 빌려주는 계약을 문서로 작성한 것입니다. 쉽게 말해, 세입자가 또 다른 세입자를 들일 때 작성하는 계약서입니다.

또한 관할 세무서에 따라 다르지만, 가끔 해당 주

소에서 사업장이 어떻게 구분되어 있는지 '도면'을 요구할 때가 있으니 참고하시기 바랍니다.

결론

자택을 사업자등록 주소로 사용하는 것은 많은 이점을 제공하지만, 몇 가지 중요한 고려 사항이 있습니다. 집주인과의 협의, 비상주 사무실의 장단점, 집 주소를 공개했을 때의 문제점 등을 면밀히 검토한 후 결정을 내리는 것이 현명할 것입니다. 또한 간이과세자를 배제하는 지역이 있으니 사업자등록 시 주의하시기 바랍니다. (간이과세자 배제 지역은 매우 광범위합니다. 홈택스에서 확인 가능하니 최근 연도 기준으로 검색해 보시기 바랍니다.)

플랫폼에 사업자 판매자로 등록하기

필요 서류

전자상거래를 시작하기 위해 사업자 판매자로 등록하려면 몇 가지 서류가 필요합니다. 아래 서류들을 준비하면 대부분의 전자상거래 플랫폼에서 사업자 판매자로 활동할 수 있습니다.

사업자등록증 사본

사업을 공식적으로 등록했다는 증명서입니다. 홈택스에서 신청 가능합니다.

통신판매업(영업허가증) 사본

온라인에서 상품을 판매하기 위한 허가증입니다. 정부24 홈페이지에서 받을 수 있습니다.

대표자 인감증명서(최근 3개월 발행분)

사업 대표자의 인감을 증명하는 서류입니다. 행정 복지센터(주민센터)를 방문하셔야 합니다.

대표자 통장 사본 또는 사업자 통장 사본

사업 관련 거래가 이루어질 은행 계좌의 사본입니다. 거래 은행에서 발급받을 수 있습니다.

현금영수증 가맹점 가입

사업자등록을 하면, 현금영수증 가맹점에 가입하라는 문자가 옵니다. 홈택스에서 1분이면 신청할 수 있습니다. 만약 신청하지 않을 경우 아래의 불이익이 있으니 초기에 꼭 가입해야 합니다.

- 창업 감면 적용 불가
- 추계신고 시 단순경비율 적용 불가

상담을 해보면 생각보다 안 하신 대표님들이 많습

니다. 그래서 저는 기장 신규 가입 시 꼭 현금영수증 가맹점 가입 여부를 우선 확인하고 가입을 진행해 드립니다.

통신판매업 신고하기

통신판매업 신고를 위해서는 다음 서류가 필요합니다. ① 대표자 신분증, ② 사업자등록증, ③ 구매안전서비스 이용 확인증. 구매안전서비스 이용 확인증은 은행(국민은행, 기업은행), 오픈마켓(본인이 입점하려는 오픈마켓), 전자결제서비스(PG) 사이트[4]에서 발급 가능합니다.

　신청 방법은 직접 방문 신청과 온라인 신고 방법이 있습니다. 신고 이후 1~3일 이내에 등록 면허세를 납부하면 됩니다.

• 직접 방문 신청: 주소지의 시·군·구청에 방문하여 신청하시면 됩니다.
• 정부24 사이트 이용: 웹사이트 정부24에서 '통신판

4 　KG이니시스, 토스페이먼츠, 나이스 페이먼츠 등.

매업 신고'를 검색한 후 기본 정보를 입력합니다. 필요한 서류는 온라인으로 제출할 수 있습니다. 준비물로는 구매안전서비스 이용 확인증 또는 결제대금예치 이용 확인증이 필요합니다(형식: jpg, hwp, doc, gul, xls, ppt, 제한 용량: 1개 2MB).

TIP **자영업자도 실업급여 받을 수 있을까?**

6개월 이상 적자 등 경영부진 등으로 폐업 시 실업급여를 받을 수 있습니다. 단, 고용보험에 가입돼 있어야 합니다.
자영업자도 고용보험에 가입할 수 있습니다. 게다가 최대 5년간 비용의 50~80%를 지원해 주는 지원금도 있습니다. 최소 1년 이상 보험료 납부기록 등 여러 요건이 있기 때문에 꼼꼼히 확인하고 가입하셔야 합니다.

PART 3

온라인 셀러의
필수 세무 일정

세무 일정을 잘 챙기면 법인세, 부가세, 소득세 신고 시 절세뿐 아니라 가산세를 경감할 수 있고, 정부에서 주는 다양한 혜택을 볼 수도 있습니다. 연간 주요 세무 일정과 부가세, 법인세, 소득세 신고 기간에 꼭 챙겨야 하는 절세 팁을 안내해 드리겠습니다. 이 책에서 소개하는 내용만 잘 챙기셔도 최소 1000만 원 이상 혜택을 받으실 수 있다고 자부합니다.

3-1

월간 세무 일정

연간 일정에 앞서 매월 정기적으로 진행되는 세무 일정들부터 체크해 보겠습니다.

매월 10일

원천세·지방세 신고 및 납부, 4대 사회보험료 납부.

국세청에 인건비에 대해 신고하는 원천세, 관할 지자체(구청 등)에 납부하는 지방세, 그리고 국민연금, 건강보험, 고용보험, 산재보험 납부가 있습니다.

원천세는 신고 기한이 하루만 지나도 원천징수 가산세 3%와 납부지연 가산세가 발생합니다. 가산세가 나오지 않도록 기한을 잘 준수하셔야 합니다.

매월 15일

고용, 산재 근로 내용 확인 신고.

근로복지공단에 파트타이머와 일용직 신고 대상자에 대해 신고를 해야 합니다.

매월 말일

사업소득, 일용직 지급명세서 제출.

매월 말일은 전월 분의 사업소득 및 일용직 지급명세서 제출 기간입니다. 홈택스를 통해서 제출하면 됩니다.

연간 세무 일정

본격적으로 연간 세무 일정을 살펴보겠습니다. 월별로 꼭 챙겨야 할 일정과 추가로 챙기면 좋은 일정들을 포함했습니다.

1월

부가가치세 확정 신고

1월은 2기 확정 부가세 신고 및 납부 기간입니다. 개인사업자는 7~12월(간이: 1~12월), 법인사업자는 10~12월(소규모 법인: 7~12월) 기간의 매출 및 매입에 대한 부가세 신고를 해야 합니다.

자동차세 연납 신고

원래 매년 6월과 12월이 자동차세 납부 기간입니다. 1월에 자동차세 연납 신고로 미리 1년 치 자동차세를 내면 5% 세금 할인 혜택을 받을 수 있습니다.

2월

면세사업자 사업장현황 신고

세법상 정해진 사업장현황 신고 기간은 2월 10일까지입니다.

면세사업자는 주택임대 사업자, 병의원·한의원 등 의료기관 사업자, 농·축·수산물 등의 면세 품목 도소매 사업자, 학원·교습소 사업자 등을 대상으로 합니다.

비상장주식 양도세/증권거래세 신고

2월 28일까지 매년 하반기(7~12월) 비상장주식 양도분에 대한 양도소득세 예정 신고 및 증권거래세 신고를 해야 합니다.

근로소득자 연말정산

2월은 근로소득자의 연말정산이 진행되는 시기입니다. 사업자는 연말정산 지급명세서 제출 기간에 맞추어 직원들의 연말정산 자료를 3월 10일까지 홈택스에 제출해야 합니다.

○ 2월 말일까지: 이자, 배당, 기타소득 지급명세서 제출.
○ 3월 10일까지: 근로소득, 사업소득, 퇴직소득 지급명세서 제출.

3월

12월 결산 법인 법인세 신고

매년 3월은 법인사업자의 법인세 신고 기간입니다(성실신고대상은 4월 30일까지).

법인사업자의 경우 결산 및 세무조정 과정을 거쳐 법인세 신고를 하게 되는데요. 12월 말 결산 재무제표에 따라 한 해 동안 대출, 신용평가, 주식 가치 평가 등 다양한 평가를 받게 됩니다. 때문에 회사의 실질에 맞는 정확한 재무제표뿐 아니라, 보기에도 좋은 재무제표를 만들 필요가 있습니다. 특히 최근에는 여러 가지 조세특례에 따라 납부할 법인세가 0원이 될 수도, 1억 원이 될 수도 있습니다.

4월

1기 예정 부가가치세 신고

4월은 부가가치세 예정 신고 기간이 있습니다.

개인사업자는 예정고지로 전기 납부세액의 절반을 미리 납부하지만, 법인사업자는 1~3월 실적에 대해 예정 신고를 합니다(소규모 법인 제외).

조기환급 및 예정 신고

휴업, 사업 부진 등으로 이번 실적이 전기 실적의 1/3보다 낮은 개인(법인)사업자인 경우 예정 신고를 할 수 있습니다. 그리고 시설, 인테리어 투자 및 수출 사업장인 경우 조기환급 신고로 부가세를 미리 환급받을 수 있습니다.

5월

5월은 사업자로서 가장 중요한 종합소득세 신고, 납부 기간입니다.

종합소득세 신고

매년 이자, 배당, 사업소득, 근로소득, 연금, 기타소득에 대해 합산하여(분리과세 제외) 모든 개인은 종합소득세 신고를 하게 됩니다. (성실신고확인대상 개인은 6월 30일까지)

법인사업자와 마찬가지로, 약 200여 가지 조세특례를 통해 소득세 감면 적용이 가능합니다.

대표적으로 최근에는 청년창업 감면, 고용 관련 세제 혜택에 따라 수백만 원, 수천만 원의 납부세액 차이가 발생할 수 있습니다.

6월

종합소득세

6월은 성실신고확인대상 사업자의 종합소득세 신고, 납부 기간입니다. (6월 30일까지)

재산세 및 종합부동산세

또한, 매년 6월 1일은 재산세 및 종합부동산세 과세 기준일입니다.

재산 관련 세금 일정은 아래와 같습니다.

○ 증여세: 증여일이 속하는 달의 말일부터 3개월 이내.
○ 양도소득세: 양도일이 속하는 달의 말일부터 2개월 이내.
○ 상속세: 상속개시일이 속하는 달의 말일부터 6개월 이내.
○ 재산세: 7월 16~31일, 9월 16~30일.
○ 종합부동산세: 12월 1~15일.

7월

부가가치세 확정 신고

7월은 다시 돌아온 부가세 확정 신고 기간입니다. 1기 확정 부가세 신고 및 납부 기간으로, 개인사업자는 1~6월(간이: 일반과세 전환 대상자), 법인사업자는 4~6월(소규모 법인 : 1~6월) 기간의 매출·매입에 대한 부가세 신고를 해야 합니다.

8월

법인세 중간예납

12월 말 결산법인은 매년 8월 31일까지 법인세 중간예납을 해야 합니다. 전년도에 납부했던 법인세의 절반을 미리 납부하는 것입니다. 그러고 나서 올해 법인세 신고 시에 미리 납부한 중간예납세액을 제외하고 최종 정산을 하게 됩니다.

법양도소득세, 증권거래세

8월 31일까지 매년 상반기(1~6월) 비상장주식 양도분에 대한 양도소득세 예정 신고 및 증권거래세 신고를 해야 합니다.

9월

종합부동산세

9월 30일까지 종합부동산세 합산배제 및 과세특례

신고를 진행합니다.

10월

부가가치세 예정 신고

개인사업자는 2기 예정고지로 전기 납부세액의 절반을 미리 납부하지만, 법인사업자의 경우 7~9월 실적에 대해 예정 신고를 합니다. (소규모 법인 제외)

휴업, 사업 부진 등 전기 실적 1/3 미달하는 개인사업자(또는 소규모 법인)인 경우 예정 신고를 할 수 있고, 시설·인테리어 투자 및 수출 매출이 있는 경우 조기환급신고로 부가세를 미리 환급받을 수 있습니다.

11월

종합소득세

11월은 종합소득세 중간예납 기간입니다. 전기 납부 실적의 절반을 미리 납부하고, 내년 종합소득세 신고 시 미리 납부한 세금으로 공제를 받습니다.

12월

종합부동산세

12월은 종합부동산세 신고 및 납부가 있습니다. 12월 15일까지 해야 합니다.

PART 4

온라인 사업자를 위한 비용 처리 방법

적격증빙이 있어야 비용 인정이 가능합니다. 대표적인 적격증빙으로는 세금계산서, 계산서, 신용카드 매출전표, 현금영수증, 수입세금계산서 등이 있습니다.

일상적으로 적격증빙이라고 착각하는 부적격증빙의 예를 들면 간이영수증, 명함에 적은 금액, 구두 약속 등입니다. 이들은 모두 세법에서 인정하지 않는 부적격증빙입니다.

적격증빙이 없으면 비용 인정이 되지 않거나, 가산세 등 불이익을 받을 수 있습니다. 그런 부당한 상황을 피하기 위해 지금부터 적격증빙의 종류와 증빙 관리에 대해 자세히 알아보겠습니다.

썼다고 다 비용은 아니다

적격증빙은 세법에서 인정하는 증빙으로, 법인세법 116조와 소득세법 제160조 2에서 열거하는 다음의 증빙을 말합니다. 특히 비용 지출과 감가상각 대상 자산의 매입 관련해서 적격증빙을 잘 챙겨야 합니다.

구분	수취 대상	특이 사항
부가가치세법 제32조에 따른 세금계산서	과세 대상 재화 또는 용역 매입	○ 과세사업자: 부가세 신고 시 제출 ○ 면세사업자: 다음 해 2월 10일까지 제출
제121조 및 「소득세법」 제163조에 따른 계산서	면세 대상 재화 또는 용역 매입	○ 과세사업자: 부가세 신고 시 제출 ○ 면세사업자: 다음 해 2월 10일까지 제출

「여신전문금융업법」에 따른 신용카드 매출전표	과세 및 면세 대상 재화, 용역 매입	○ 매입세액 공제분만, 신용카드 매출전표 등 수취명세서 제출 ○ 과세사업자: 부가세 신고 시 제출 ○ 면세사업자: 다음 해 2월 10일까지 제출
현금영수증	현금을 지급하고 수취한 현금영수증	○ 매입세액 공제분만, 신용카드 매출전표 등 수취명세서 제출 ○ 과세사업자: 부가세 신고 시 제출 ○ 면세사업자: 다음 해 2월 10일까지 제출

인건비 지급 증빙

① 직원에게 지급한 급여나 퇴직금, ② 일용근로자에게 지급한 일당, ③ 사업자등록이 없는 개인에게서 인적용역을 제공받은 후 그 대가를 지급하는 경우에는 지급 사실에 대한 내역서인 지급명세서를 작성하여 제출기한 내 세무서에 제출해야 합니다.

인건비 지급 증빙과 제출 기한

구분	지출 증빙	제출 기한
계속근로자	근로소득 지급명세서	다음 해 3월 10일

일용근로자	일용근로소득 지급명세서	해당 분기의 다음 달 말일 (4/4분기 지급액은 다음 해 1월 말일)
퇴직자	퇴직소득 지급명세서	다음 해 3월 10일

원천징수대상소득 지급 증빙

금융기관이 아닌 개인에게 이자를 지급하는 경우에도 이자 지급에 대한 지급명세서를 제출해야 합니다.

원천징수대상소득 지급 증빙과 제출 기한

구분	지출 증빙	제출 기한
이자소득	이자소득 지급명세서	다음 해 2월 말일
기타소득	기타소득 지급명세서	다음 해 2월 말일
사업소득	사업소득 지급명세서	다음 해 3월 10일

영수증을 챙겨야
세금이 줄어든다

사업자가 사업과 관련하여 사업자 등으로부터 재화 또는 용역을 공급받고 건당 거래금액이 3만 원을 초과하여 그 대가를 지급하는 경우에 세금계산서, 계산서, 현금영수증, 신용카드매출전표 등 적격영수증을 수취해야 합니다. 단, 세법에서 특정한 거래(적격영수증 수취예외거래)는 제외합니다.

사업자와의 거래

사업자와의 거래 시 적격증빙을 수취해야 합니다. 반면 사업자가 아닌 개인과의 거래는 적격영수증 수취 대상이 아니므로 해당 거래에 대한 지출을 증

빙할 수 있는 서류(영수증)를 수취하여 보관 후 금융
기관을 경유하여 송금하면 됩니다.

건당 거래금액 3만 원 초과 거래

공급대가(부가세 포함)가 3만 원(접대비: 1만 원[2021년
이후 3만 원])을 초과하는 거래인 경우 적격영수증을
수취해야 합니다. 3만 원 초과 거래 여부의 판단은
거래 1건별 영수증금액(부가세 포함)을 기준으로 판
단하며, 동일한 거래에 대하여 영수증을 분할하여
발급받은 경우에도 합산한 금액을 1건의 거래로 봅
니다.

TIP 간이영수증도 꼼꼼하게 모으자

초기 간이과세자나 동대문 상가에서 상품을 매입하는
경우, 정식 세금계산서가 아닌 간이영수증(일명 '장끼')을
받게 되는 경우가 많습니다. 안타깝게도 많은 사업자분
들이 이러한 영수증의 중요성을 모르고 버리시는 경우
가 있습니다. 이 간이영수증도 엄연한 비용 증빙 자료
로, 꼼꼼히 모아두었다가 세무 신고 시 비용으로 처리

하면 납부할 세금을 합법적으로 줄일 수 있습니다. 작은 영수증 하나가 모이면 큰 절세 효과로 돌아온다는 점을 기억하세요.

적격영수증 수취 대상이 아닌 경우

적격영수증 수취대상 제외 사업자와의 거래

① 국가, 지방자치단체에 납부하는 세금 등

② 국민연금, 건강보험료, 고용보험, 산재보험료 납부금액

③ 비영리단체에 지출하는 조합비, 협회비 등

④ 농·어민(법인 제외)으로부터 재화, 용역을 직접 공급받은 경우

⑤ 은행, 보험회사, 신용카드사에 지출한 각종 수수료: 대출 이자, 할부 이자, 송금 수수료, 보증보험료, 리스료, 어음할인료, 환전 수수료, 신용카드 수수료, 보험료, 증권회사 수수료 등

⑥ 읍·면 지역에 소재하는 간이과세자로서 신용카

드가맹점이 아닌 사업자

적격영수증을 수취하지 않아도 되는 거래

① 건당 거래금액이 3만 원 이하인 거래: 적격영수증
은 아니더라도 간이영수증 등은 받아 두어야 합
니다. 3만 원 초과 거래 여부의 판단은 거래 1건
별 영수증금액(부가세 포함)을 기준으로 판단하
며, 동일한 거래에 대하여 영수증을 분할하여 발
급받은 경우에도 합산한 금액을 1건의 거래로
봅니다.
② 거래처 경조사비(20만 원 이하) 및 종업원 경조사비:
거래처 경조사비의 경우 청첩장, 부고 문자 등을
추가 증빙으로 보관하고 있어야 합니다.
③ 재화 또는 용역의 공급으로 보지 않는 거래
  ○ 조합 또는 협회에 지출하는 경상회비
  ○ 판매 장려금(현금 지급) 또는 포상금 등 지급
  ○ 거래의 해약으로 인한 위약금, 손해배상금
  ○ 기부금: '기부금 영수증'을 보관하고 있어야
    합니다.

④ 기타

　　◦ 항공요금, 철도의 여객운송 용역

　　◦ 택시비, 입장권, 승차권, 승선권, 통행료 등

　　◦ 연체 이자를 지급하는 경우

　　◦ 방송 용역, 전기통신 용역

비용 처리
가능 목록

식비

1인 사업자인지 직원이 있는 사업자인지에 따라 달라집니다. 1인 사업장은 소득세에서만 식비 비용처리가 가능하고, 직원이 있는 사업자는 부가세, 소득세에서 둘 다 식비 비용 처리가 가능합니다. (단, 직원 급여에 월 20만 원까지 비과세되는 식대를 포함하여 지급한 경우에는 부가세 신고 시 별도의 식비 비용 처리가 불가능합니다. 많은 사업자분들이 4대보험과 근로자들의 소득세 부담을 줄이기 위해 이 방식을 선택하지만, 이중 공제가 되지 않는다는 점을 유의하셔야 합니다.)

교통비

대중교통 이용료, 주유비 등.

상품 매입금

- 세금계산서(거래처)
- 신용카드 또는 체크카드로 구입
- 출장경비: 항공권, 숙박비
- 통신비: 업무용 휴대폰
- 사무실 운영비: 임대료, 관리비
- 직원 복리후생비

TIP 세무 대리인은 내 카드 매입금액을 볼 수 있나요?

국내 카드 매입금액은 세무 대리인이 국세청에서 조회할 수 있습니다. 하지만 해외 사용 금액은 세무 대리인이 국세청에서 조회할 수 없습니다. 특히 해외 구매대행의 경우 해외 사용 내역이 많기 때문에 세무 대리인에게 별도로 해외 카드 내역을 엑셀 파일 형태로 전달

해야 합니다. 요즘에는 특정 프로그램을 이용해 세무 대리인이 국내 및 국외 카드 내역을 볼 수 있게 연결할 수도 있으니 참고 바랍니다.

TIP 통신비를 계좌이체한다면

통신비(휴대폰 요금)를 카드 결제가 아닌 계좌이체한 경우, 통신사에 '세금계산서' 발급을 따로 요청해야 부가세, 소득세 때 비용 처리가 가능합니다. 이번 달에 신청하면 지난 달 분은 소급 발급되지 않습니다. 신청 방법은 간단합니다. 통신사 고객센터 전화해서 "사업자라 세금계산서 발급을 요청한다"고 말하고 사업자등록증, 신분증을 팩스로 발송하면 됩니다.

아는 만큼 줄어드는 세금

외국에서 수입할 경우

세금계산서를 받은 금액에서 수리 일자 기준의 환율로 상품 매입금액을 별도로 반영해야 합니다. 환율을 제대로 반영하지 않으면 상품 매입금액이 대부분 누락되어 세금 폭탄이 터질 수 있습니다.

재고 관리에 따라 달라지는 세금

연말에 재고가 얼마나 남았느냐에 따라서 세금 처리가 달라집니다.

∘ 부가세: 매입한 시점에 비용 처리
∘ 소득세: 판매한 시점에 비용 처리

소득세는 판매된 시점에 비용 처리되기 때문에, 연말에 재고가 얼마나 남았는지가 중요합니다. 그러니 꼭 손익계산서[5]를 살펴 재고를 얼마로 신고했는지 확인하시기 바랍니다.

때론 세무 대리인을 통해 처리하면서 자신의 손익계산서에 재고가 얼마나 남았는지 모르는 사업자분들이 계십니다. 예를 들어 제가 이관 받은 건 중에 이런 일이 있었습니다. 사업자분의 실제 재고는 0원인데 이전 세무사가 재고를 8억이나 남겨둔 경우였습니다. 대표님은 처음 듣는 소리라고 하시고요. 그러니까 소득세, 법인세 신고 완료 전에 세무 대리인에게 꼭 손익계산서를 달라고 하셔야 합니다. 손익계산서 읽는 법은 뒤에서 설명드리겠습니다.

---

5 손익계산서는 기본적인 회계 개념을 이해하는 개인이 작성할 수 있습니다. 인터넷에서 다양한 포맷을 구매할 수도 있고 유료 회계 프로그램을 사용할 수도 있습니다. 다만 회계 프로그램 유지 비용이나 시간, 전문성 등을 고려한다면 세무사에게 맡기는 게 더 저렴할 수 있습니다.

플랫폼 수수료

국내 플랫폼 수수료

세금계산서가 사업자로 발행되기 때문에 부가세, 소득세 계산 시 비용 처리가 가능합니다.

외국 수수료 처리

외국에서 판매하며 발생하는 수수료는 누락되는 경우가 많습니다. 증빙이 따로 발행되는 게 아니라 장부에 별도로 입력해야 하다 보니 놓치게 되시는 것 같습니다. 쇼피, 큐텐, 라자다, 아마존 등 외국 플랫폼을 이용하는 경우에는 플랫폼 수수료를 꼭 별도로 반영해야 합니다.

> **TIP 플랫폼 수수료가 누락됐을 때**
>
> 가끔 '이전 세무사가 전자상거래를 잘 몰라 외국 플랫폼 수수료를 누락했는데 수정 신고가 가능한가요?'라는 질문을 받습니다. 더 낸 세금을 돌려받기 위한 신고를 '경정청구'라고 합니다.
> 더 낸 세금은 증빙만 확실하다면 돌려받을 수 있습니다.

광고비

국내 플랫폼

국내 플랫폼 내에서 광고하는 경우 별도 세금계산서가 발행됩니다.

충전식 광고비

충전 후 사용하는 광고비는 세금 처리가 조금 더 복잡할 수 있습니다.

- 세금계산서와 충전 금액: 광고 플랫폼에 금액을 충전하고 그 충전 금액을 기반으로 광고를 집행할 경우, 실제 사용된 금액에 대해 세금계산서를 받습니다. 이때 충전한 전체 금액과 실제 사용된 금액 간에 발생할 수 있는 이중 공제를 주의해야 합니다.
- 이중 공제 방지: 카드로 충전했다면 실제 사용하고 받은 세금계산서에 대해서만 비용 처리를 해야 합니다. 따라서 충전액과 사용액의 상세 내역을 확인해 신고를 진행해야 합니다.

외국 광고비

외국 플랫폼(예: 페이스북, 인스타그램)에서의 광고비 처리는 다음과 같습니다.

○ 외국 결제 내역 필요: 대부분의 외국 광고 플랫폼은 국내 홈택스 시스템에서 자동으로 처리되지 않습니다. 따라서 카드사 홈페이지에서 1년 치 외국 결제 내역을 직접 조회하고 이를 제출해야 합니다.
○ 부가세 처리: 외국 플랫폼을 통한 광고비는 부가세 신고 시에는 매입세액 공제(비용)로 인정되지 않습니다. 이러한 비용은 종합소득세 신고 시에만 비용 처리 가능합니다.

소모품비

사업에 필요한 모든 소모품 비용. (택배 박스, 에어캡, 박스 테이프, 프린터 용지, 브랜드 스티커, 메모지 등)

운반비

전자상거래업에서 배송비와 물류비 처리는 사업 운영에서 중요한 비용 요소입니다. 전자상거래 특성에 따라 비용 처리가 달라지므로 전자상거래 맞춤 선택이 필요합니다.

- 통장 지출: 개인 택배를 이용하는 경우, 배송비가 개인 이름으로 통장에서 지출될 수 있습니다. 이 경우 통장 내역만으로는 비용 처리가 자동으로 이루어지지 않으므로, 이를 잘 정리하여 제출해야 합니다.
- 우체국 택배: 보통 우체국 등기의 경우 부가세 불공제 대상, 소포의 경우 공제 대상입니다. 전자상거래 특성을 세밀하게 이해하지 못하는 경우, 우체국 소포 비용도 일괄적으로 부가세 불공제로 처리하는 경우가 많으니 주의하세요.
- 편의점 택배: 개인적인 편의점 지출로 사용한 것으로 보아 불공제 처리될 수 있으므로 따로 정리해서 제출해야 합니다.
- 외국 배송비: 외국 배송업체(페덱스, DHL등)를 이용한 배송비의 경우 인보이스를 제출해야 비용

처리가 가능합니다.

임대료

월세

사업장과 거주지가 완전히 분리됐다면 임대료를
비용 처리할 수 있습니다. 반면 사업장과 거주지가
같은 경우, 거주 목적이 크다고 보아 대부분 비용으
로 인정해 주지 않습니다. 즉, 월세로 사는 집 주소
로 사업자등록을 했다면 월세는 비용으로 인정받
기 어렵습니다.

지급 수수료

사업상 발생하는 각종 수수료를 말합니다. 종류가
다양한데 보통 전문 서비스 수수료, 카드 및 PG사
수수료 등 기타 모든 지급하는 비용을 지급 수수료
로 분류합니다.

참고로 글로벌 셀러가 많이 놓치는 비용 중 하나
가 페이오니아 인출 수수료입니다. 페이오니아 인

출 수수료는 최대 1.2% 정도이기 때문에 수수료가
누락되지 않도록 주의해야 합니다.

TIP **임대인이 임대료에 대한 세금계산서를
발행해 주지 않으면?**

세금계산서를 발행할 수 없는 간이과세자일 수도 있습
니다. 그런 경우엔 임대차계약서와 사업용 계좌로 계좌
이체를 해놓으면 소득세 때 비용 처리가 가능합니다.
그리고 세금계산서 발행이 어렵다고 하면 현금영수증
이라도 발급받는 것이 좋습니다.

만약 일반과세자인데도 일방적으로 세금계산서를 발
행해 주지 않는다면 '매입자 발행 세금계산서' 제도를
이용하면 됩니다. 매입자인 우리가 홈택스에 "임대인
이 세금계산서를 발행해주지 않는다"고 신고하고 역발
행 세금계산서를 신청하는 것입니다.

TIP **택배비 계좌이체, 세금 처리 안 된다고?**

부가세 신고 땐 맞는 말입니다. 현금영수증이나 세금계산서가 없으면 비용 인정이 어렵습니다. 하지만 종합소득세는 완전히 다릅니다. 계좌이체한 내역이 있고, 그 지출이 사업 관련 택배비라는 걸 입증할 수 있다면 현금영수증 없이도 종합소득세에서 비용으로 인정받을 수 있습니다. 즉 '거래 내역', '사업 관련성' 이 두 가지만 챙기면, 계좌이체한 택배비도 당당히 비용 처리가 가능한 것입니다. 단, 3만 원이 초과하면 가산세가 발생합니다. 그래도 비용 처리하는 게 더 유리하니 혹시 놓친 택배비는 없는지 한번 확인해 보시기 바랍니다.

PART 5

사업용 계좌, 사업용 카드로 거래하세요

법인사업자와 다르게 개인사업자가 사업용 계좌와 사업용 신용카드를 등록하는 이유는 간단합니다. 사업과 개인 생활의 재정을 분리하기 위해서입니다.

예를 들어 사업에서 벌어들인 돈과 개인 생활에 쓰는 돈이 섞이면, 나중에 세금 신고나 경영 관리를 할 때 큰 혼란이 생길 수 있습니다.

사업용 계좌를 만들고 사업에서 발생하는 모든 수입과 지출을 관리하면, 매출을 쉽게 파악할 수 있고 비용 정리도 훨씬 수월해집니다. 또 세무서에서 사업의 매출과 비용을 확인할 때 명확한 자료로 제출할 수 있어, 세금 신고 시 편리하게 처리할 수 있습니다.

홈텍스에 계좌, 카드 등록하는 법

사업용 계좌를 등록하는 방법은 생각보다 간단합니다. ① 가까운 은행에 가서 '사업자등록증'을 제출하고, 사업용 계좌를 발급받습니다. ② 발급받은 사업용 계좌 번호를 사업용으로 이용할 것이라고 홈텍스에서 등록합니다. ③ 신용카드는 개인 신용카드 중 사업에 사용할 카드를 홈텍스에 등록합니다. 기존에 사용하던 신용카드를 사업자용으로 등록해도 괜찮고, 새로 발급받아 등록해도 괜찮습니다. 체크카드도 등록 가능합니다.

사업용 계좌 홈택스 등록 방법

○ 홈택스 접속 → 증명·등록·신청 → 세금관련 신청·신고 공통분야 → 사업용·공익법인 계좌 개

설/조회 → 사업용·공익법인 계좌 개설/해지

홈택스에서 사업용 계좌 신청하기

등록하지 않으면
비용 처리 못 할까요?

사업용 계좌와 신용카드를 등록하지 않고 개인 계좌와 카드를 계속 사용하면 몇 가지 문제가 생길 수 있습니다.

사업용 계좌 미등록 가산세

복식부기의무자가 사업용 계좌를 신고하지 않으면 가산세가 발생합니다.

- **미사용 가산세**[6]: 사용하지 않은 금액의 0.2%
- **미신고 가산세**: 아래 두 가지 중 더 큰 쪽
  - 신고하지 않은 기간 동안 수입금액의 0.2%
  - 거래대금, 인건비, 임차료 합계액의 0.2%

비용 처리 누락

사업용 카드를 홈택스에 등록하지 않으면 부가세나 소득세 신고 때 비용이 누락되어 세금을 더 내게 될 수도 있습니다. 특히 신용카드를 뒤늦게 등록했다면 이전 내역은 홈택스에서 소급해서 조회할 수 없습니다. 그럴 때는 카드사에서 엑셀 내역을 별도로 다운로드해서 장부에 반영하여 신고해야 비용 처리가 가능합니다.

---

6 사업용 계좌를 사용하지 않았기 때문에 미사용한 금액에 대해 부과되는 가산세입니다. 예를 들어서 인건비, 임차료 등을 사업용 계좌로 이용하지 않았다면 해당 금액만큼 가산세가 발생합니다.

각종 감면 혜택 불가

복식부기의무자가 사업용 계좌를 미등록했다면 창업 감면, 중소기업 특별세액 감면 등 감면 혜택에서 배제됩니다.

> **TIP 법인 통장에 개인 돈을 입금했다면**
>
> 초기에 법인계좌 이체 한도가 부족하거나 자본금이 고갈됐을 때 법인 통장에 추가로 돈을 넣는 경우가 많습니다. 이런 식으로 법인에 자본금 이상으로 돈을 넣었다면 나중에 돌려받을 수 있습니다. '가수금'이라고 해서 대표가 법인에게 돈을 빌려준 개념입니다. 회계상 기록만 제대로 해두면 법인에 수익이 났을 때 돌려받을 수 있습니다.

PART 6

전자상거래는
현금영수증
의무발행 업종

사업을 운영하다 보면 매출(수입)이 발생합니다. 매출을 기록하는 방법에는 세금계산서 발행, 카드 결제, 현금영수증 발행 등이 있습니다. 그중 현금영수증은 현금 거래에 대해 발행하는 대표적인 방식으로, 발급한 정보는 국세청 전산 시스템에 자동으로 등록됩니다.

현금영수증
종류

현금영수증은 사업자 입장에서 매출 증빙이 되고, 발행받는 상대방 입장에서는 매입 증빙이 됩니다. 발행받는 사람은 크게 두 부류로 나눌 수 있습니다. ① 사업을 하는 사업자, ② 직장을 다니는 근로자입니다.

사업자는 사업자등록번호를 입력하여 사업자용(지출증빙용) 현금영수증을 발행받아야 본인의 사업소득세를 절세할 수 있습니다. 직장을 다니는 근로자는 소득공제용 현금영수증을 휴대폰 번호 또는 주민등록번호를 입력하고 받아야 본인의 근로소득세를 절세할 수 있습니다.

매출자 입장에서는 매출 집계를 위해 정확한 내역으로 현금영수증을 발급하는 것이 중요한 것과

전자상거래는 현금영수증 의무발행 업종

마찬가지로, 매입하는 사업자의 입장에서도 사업
자용으로 현금영수증을 정확하게 발급받아 세금을
절감할 수 있도록 유의하는 것이 매우 중요합니다.

현금영수증의 종류와 활용

매출자	매입자(사업자)	매입자(근로자)
현금영수증 발행	사업용 현금영수증 수취	소득공제용 현금영수증 수취
매출 증빙 서류로 활용	사업과 관련된 비용으로 장부에 반영해서 절세	근로자 연말정산 시 제출해서 소득공제를 받아 절세
발행 방법	사업자번호로 수취	휴대폰 번호 또는 주민등록번호로 수취

현금영수증
발급 방법

사업장에 카드 단말기가 있다면 카드 단말기에 입력하여 현금영수증을 발급할 수 있습니다. 카드 단말기가 없는 사업자라도 국세청 홈택스 사이트를 이용하여 온라인으로 발급할 수 있습니다. (홈택스 → 계산서 영수증 카드 → 현금영수증(가맹점) → 발급) 그 외에도 최근에는 다양한 비대면 결제 시스템을 통해 여러 건의 현금영수증을 편리하게 발급할 수 있습니다. 예를 들어 캐시빌이라는 어플을 사용하면 현금영수증을 발급할 수 있습니다.

현금영수증 가맹점 가입 방법

현금영수증을 발급하기 위해서는 현금영수증 가맹점에 가입해야 합니다. 현금영수증 가맹점 가입 방법은 아래와 같습니다.

단말기 가입

사업장에 신용카드 단말기를 설치하는 경우 단말기 회사에 현금영수증 발급 장치를 함께 설치해 달라고 요청하면 됩니다. 카드 가맹점에 가입하면서 동시에 현금영수증 가맹점으로 가입할 수 있습니다. 가입 설치가 완료됐다면 현금영수증 1원을 시험 삼아 발급해서 가맹점 가입이 정상적으로 잘

됐는지 확인해 보시기 바랍니다.

인터넷 가입

만약 사업자등록 직후 신용카드 단말기를 설치할 수 없는 상황이라면, 현금영수증 사업자 홈페이지에 접속하여 회원가입을 하고 가맹점으로 가입할 수 있습니다.

현금영수증 사업자 홈페이지

상호	홈페이지	연락처
(주)토스페이먼츠	taxadmin.tosspayments.com	1544 – 7772
(주)링크허브	www.popbill.com	1599 – 7709
(사)금융결제원	www.kftcvan.or.kr	1577 – 5500

ARS 가입

ARS를 통한 가입도 가능합니다. 전화 한 번으로 간

편하게 현금영수증 가맹점에 가입할 수 있습니다.

☎ 126 → ①번: 홈택스 상담 → ①번: 현금영수증 → ②번: 상담 센터 연결 → ①번: 한국어 → ④번: 가맹점 현금영수증 발급 서비스 → 사업자 번호(10자리) → ①번: 비밀번호 설정 → 대표자 주민번호(13자리) → 비밀번호(4자리) → ①번: 가맹점 가입

현금영수증 의무발행 조건 및 업종

현금영수증 의무발행이란, 건당 거래금액이 10만 원 이상인 재화 또는 용역을 공급하고 그 대금을 현금으로 받는 경우, 상대방이 현금영수증 발급을 요청하지 않더라도 국세청 자진발급번호로 현금영수증을 발행해야 하는 것을 말합니다.

의무발행 업종

세법은 현금영수증을 의무 발행해야 하는 업종을 '소득세법 시행령 별표 3의3'에 열거해 놓았습니다. 소비자 대상으로 하는 각종 소매업, 학원업, 전문서비스업, 병원, 전자상거래소매업 등이 포함됩니다. 전자상거래 사업자는 현금영수증 의무발행사업자로 현금영수증 가맹점에 가입해야 합니다.

전자상거래는 현금영수증 의무발행 업종

PART 7

전자상거래
사업자를 위한
인건비 처리 A to Z

사업을 운영하다 보면 장단기적으로 인건비가 발생할 수 있습니다. 인건비 신고는 근로소득자, 사업소득자, 일용직 근로자, 기타소득자로 구분되며, 유형별로 세금 원천징수 방식과 4대보험료 부과 방식이 다릅니다.

사업주는 인건비를 정확히 신고함으로써 비용 처리를 하고 소득세 및 법인세를 절세할 수 있습니다. 신고하지 않으면 비용 처리가 불가능하므로 사업주의 세금 부담이 늘어날 수 있습니다. 고용 방법에 따라 부담하는 세금과 4대보험, 신고 방법 등이 상이하므로 구분하여 정리해 보겠습니다.

인건비
신고 유형

인건비 신고는 크게 네 가지로 구분할 수 있습니다.

근로소득자

4대보험 가입과 함께 월급제 또는 연봉제로 고용된 직원. 월마다 원천징수 및 4대보험료를 신고하며, 연말정산을 실시해야 합니다.

사업소득자

프리랜서 또는 개인사업자입니다. 연말정산은 없

습니다. 사업소득자 개인이 5월에 종합소득세를 별도 신고해야 합니다.

일용직 근로자

주로 일당으로 일하는 아르바이트 등입니다. 원천징수율은 2.7%로 적용하며, 월 8일 미만 근무 시 국민연금과 건강보험이 부과되지 않으며 고용보험과 산재보험은 근무일수와 상관없이 의무가입입니다.

기타소득자

일시적인 용역 제공이나 창작 활동을 수행하는 사람들입니다. 소득의 8.8%(필요경비를 60% 적용하는 경우)를 원천징수하며, 기타소득자 개인이 5월에 종합소득세를 별도로 신고해야 합니다.

인건비 신고의 필요성

비용 처리

사업주가 인건비를 신고하면 비용 처리가 가능해져 소득세 및 법인세 절세 효과를 얻을 수 있습니다.

원천징수

사업주는 인건비를 지급할 때 원천징수를 합니다. 원천징수란 본래 근로자가 직접 국가에 납부해야 할 세금을 회사가 급여 지급 시점에 미리 공제하여 대신 납부해 주는 제도입니다. 이렇게 하면 근로자는 별도로 세금 신고를 하는 번거로움이 줄어들고, 국가는 세금을 효율적으로 징수할 수 있어 행정 비용도 절감됩니다. 쉽게 말해, 회사가 근로자와 국가 사이에서 '세금 중개인' 역할을 하는 셈이죠.

신고 의무

원천징수는 매월 신고하며, 반기 신고를 선택할 수도 있습니다. 신고 및 납부 기한은 월별인 경우 다음 달 10일까지, 반기별인 경우 7월과 1월의 10일까지입니다.

인건비 유형별 처리 방법

근로소득자

① 4대보험료: 사업주와 근로자가 국민연금, 건강보험, 고용보험료를 각 50%씩 분담합니다. 산재보험료는 사업주가 100% 부담합니다.

② 원천징수: 간이세액표에 따라 원천징수하며, 연말정산을 통해 납부할 세금을 확정합니다.

③ 비용 처리: 급여, 상여 등의 항목으로 비용 처리합니다.

사업소득자(프리랜서)

① 3.3% 원천징수: 지급 총액의 3.3%를 원천징수하며, 사업주는 이 금액을 세무서와 구청에 신고합니다. 예를 들어 100만 원 계약시 33,000원(3.3%)은 세무서와 구청에 납부하고 967,000원을 프리랜서에게 지급합니다.

② 비용 처리: 인건비를 용역 수수료로 처리합니다.

일용직 근로자(아르바이트)

① 2.7% 원천징수: 소득세의 최저 세율 6%에 소득공제 및 세액공제를 고려해 최종 2.7%를 원천징수합니다.

② 보험료: 고용보험과 산재보험이 부과되며, 월 8일 미만 근무, 3개월 미만 고용 등의 경우에는 국민연금과 건강보험이 부과되지 않습니다.

③ 소득공제: 일당 중 15만 원은 소득공제 대상입니다.

기타소득자

① 8.8% 원천징수: 총 수입금액의 8.8%를 원천징수하며, 300만 원 이하의 소득은 종합소득세 신고 없이 분리과세로 처리할 수 있습니다.

② 필요경비: 일부 정해진 용역의 경우 수입금액의 60%를 필요경비로 인정해 줍니다.

원천세
vs. 지급명세서

원천세 신고란 고용 직원에게 소득을 지급할 때, 직원이 내야 할 소득세를 차감한 뒤 급여를 지급하고 차감한 소득세를 회사가 대신 국세청에 신고 및 납부하는 것을 말합니다. 소득세를 대신 징수한다고 하여 '원천징수'라는 표현을 씁니다.

지급명세서 제출은 직원별 소득 지급 내역을 국세청에 보고하는 것을 말합니다.

원천세 신고, 지급명세서 제출을 하지 않으면 가산세가 발생하니 신고 기간 내에 제출하는 것이 중요합니다.

원천세 신고와 지급명세서 제출

구분	원천세 신고	지급명세서 제출
목적	원천징수한 세금을 국세청에 신고 및 납부	소득 지급 내역 및 원천징수 세액을 국세청에 보고
내용	원천징수된 소득세, 지방소득세 등을 신고 및 납부	소득 지급자, 지급 금액, 원천징수액 등의 세부 내역 보고
대상 소득	모든 원천징수 대상 소득	근로소득, 사업소득, 기타소득 등
신고/제출 시기	매달 10일까지(반기 신고 시 1월 10일, 7월 10일)	사업, 기타, 일용근로: 다음 달 말일까지 근로소득: (간이) 매 반기, (일반) 다음 연도 3월 10일
중요성	사업주가 세금을 원천징수해 납부하는 의무	국세청이 소득자의 세금 신고 및 납부를 확인하는 자료

7-5

원천징수이행상황
신고서

원천징수이행상황신고서 제출

원천세이행상황신고서는 사업자가 원천징수한 세금을 국세청에 신고하는 서류입니다. 이 신고서는 매월 제출하는 것이 원칙이며, 예외적으로 반기별로 제출할 수도 있습니다. 직원 급여나 사업 소득 지급 시 원천징수한 소득세, 지방소득세 등의 내용을 보고하는 역할을 합니다. 신고서에는 지급 금액, 원천징수한 세금, 납부해야 할 세금 등을 기재하여 국세청에 신고합니다.

원천세 납부

원천세이행상황신고서를 제출했다면, 소득을 지급한 달의 다음 달 10일까지 국세청과 지자체에 납부해야 합니다. 이때, 작성한 국세 신고서와 지방세 신고서를 각각 세무서, 지자체에 신고해야 납부서를 발급받을 수 있으며, 홈택스, 위택스를 이용해 온라인으로 신고합니다.

원천세는 기한 내 납부하지 않을 경우 기한이 경과됨에 따라 매일 가산세가 발생하여 납부하여야 할 세금이 늘어나므로, 신고뿐만 아니라 기한 내 납부하는 것이 중요합니다.

TIP **전자상거래 인건비의 특성**

전자상거래 사업주분들과 상담을 하다 보면 '직원을 고용하려고 하는데 비용 처리하려면 어떻게 하나요?'라는 질문을 많이 받습니다. 전자상거래 업종 인건비의 특이성은 다음과 같습니다.

프리랜서 비용 처리
전자상거래 업종의 특성상 상세페이지 제작, 편집, 디

자인 등 프리랜서에게 외주 작업을 맡기는 경우가 많습니다. 사업자등록이 없는 프리랜서라서 세금계산서를 받을 수 없을 때의 처리 방법은 다음과 같습니다.

- **원천세 처리**: 프리랜서에게 지급하는 급여의 경우, 프리랜서가 내야 할 세금(3.3%)을 대신 징수하여 세무서에 대납해야 합니다. 예를 들어 100만 원을 계약금으로 지급하는 경우, 세금을 제외한 금액을 프리랜서에게 지급하고 3.3%인 3만 3000원은 세무서에 납부합니다. 이렇게 하고 비용 처리를 할 때는 전액(100만 원)으로 반영하면 됩니다.
- **일정**: 신고와 원천세 납부는 지급한 다음 달 10일까지 완료해야 합니다.

외국인 프리랜서 고용 시 주의사항

외국인 프리랜서를 고용하는 경우 그들의 ① **비자 유형**, ② **허용되는 아르바이트 범위**를 확인해야 합니다. 유학생이라면 아르바이트가 허용되는 분야가 정해져 있습니다. 일반적으로 통번역은 허용되고, 아르바이트를 할 수 있는 시간은 학위 과정과 한국어 능력에 따라 다릅니다. 해당 체류 자격에 맞는 활동과 병행하여 아르바이트를 할 경우, 당국에 아르바이트 활동 허가를 미리 받아야 합니다. 허가 없이 아르바이트를 하면 강제 퇴거나 출국 권고를 받을 수 있습니다.

가족이 일을 도와주는데 비용 처리 가능한가요?

포장업무를 가족들이 도와주는 경우가 많습니다. 이런 경우 가족들의 업무량을 고려해 급여를 책정한 뒤, 급여 신고를 하면 비용으로 처리할 수 있습니다.

PART 8

4대보험과 두루누리 사회 보험료 지원받기

4대보험은 대한민국에서 근로자와 사업자가 의무적으로 가입해야 하는 사회보험 제도입니다. 소득이 없어 가족 구성원의 부양가족으로 등록되어 있다가, 사업을 운영하거나 직장에 다니게 돼 소득이 발생하면, 사회보험에 가입하여 납부해야 하는 의무가 생깁니다. 4대보험은 국민연금, 건강보험, 고용보험, 산재보험으로 구성됩니다.

두루누리는 소규모 사업장에 대한 사회보험료 지원 프로그램입니다. 이는 4대보험에 대해 알아본 뒤 자세히 살펴보겠습니다.

4대보험이란?

4대보험 종류

국민연금

노후에 소득이 없을 때 일정 금액을 연금으로 지급받는 제도입니다.

건강보험

질병이나 부상으로 인한 의료비 부담을 줄이기 위해 지원받는 보험입니다.

고용보험

실직 시 실업급여 등을 통해 생활 안정을 돕는 보험입니다.

산재보험

업무 중 발생한 사고나 질병에 대해 치료비 및 보상금을 지원하는 보험입니다.

사업자의 4대보험

근로자를 고용하지 않고 1인 기업으로 사업을 운영하면 본인의 소득에 따라 국민연금과 건강보험에 가입하게 됩니다. 하지만 근로자를 고용하게 되면 사업자는 자신의 보험료뿐만 아니라 근로자의 보험료도 함께 부담하게 됩니다.

 사업자등록을 하면서 많은 분들이 궁금해하시는 부분 중 하나가 바로 자신의 4대보험료 처리입니다. 케이스별로 알아보도록 하겠습니다.

• 배우자의 피보험자로 등록되어 있어요

배우자의 피보험자로 등록되어 있던 경우, 사업자를 등록하면 사업자로서의 소득과 직원 채용 여부에 따라 피부양자 탈락이 결정됩니다. 직원을 고용하거나, 소득금액이 2000만 원을 초과하게 되면 피부양자에서 탈락됩니다.

- 회사에 다녀요+직원이 없어요

소득금액에 따라 보험료가 부과됩니다. 직원을 고용하지 않고 혼자서 사업을 운영하는 경우, 종합소득세 신고 시 신고되는 소득금액이 2000만 원 이상이면 자동으로 지역보험료[7]로 분류되어 건강보험료를 별도로 납부해야 합니다. 이는 사업으로 인한 소득이 일정 수준을 넘으면, 보험료가 소득에 비례하여 부과되기 때문입니다.

국민연금은 이미 직장가입자[8]로 가입되어 있어 추가로 내지 않습니다.

건강보험은 종합소득금액이 2000만 원을 넘으면 추가 금액이 나옵니다.

---

7   회사에 다니지 않는 사람(예: 사업자, 프리랜서, 무직자 등)이 내는 건강보험료입니다. 이 보험료는 본인의 소득, 집, 자동차 같은 재산을 모두 합산해 계산합니다. 보험료 전액을 본인이 직접 부담합니다.

8   회사에서 일하는 근로자의 그 사업장 대표자를 말합니다. 건강보험료는 월급(소득)을 기준으로 계산하며, 회사와 본인이 절반씩 나눠서 냅니다. 재산이나 자동차는 보험료 산정에 포함되지 않습니다.

- 회사에 다녀요+직원이 있어요

국민연금과 건강보험에 대해 지역가입자[9]로 적용
받던 사업주가 근로자를 고용하여 4대보험에 가
입하게 되면, 사업주도 직장가입자로 자동 전환됩
니다. 이렇게 되면 사업장에서 직원에게 지급하는
가장 높은 월급을 기준으로 4대보험료가 계산됩
니다. 즉, 직원 중 가장 많은 월급을 받는 사람의 급
여에 기반하여 보험료가 산출됩니다. 다만, 나의 모
든 소득이 월 637만 원을 초과한다면 두 곳의 소득
비율에 따라 국민연금이 각 사업장에 고지되므로
회사에서 사업자가 있는 것을 알게 될 수 있습니다.

---

9   회사에 소속되어 있지 않은 사람을 말합니다. 예를 들어 자영업
    자, 프리랜서 등이 해당됩니다.

매출이 아닌 '이익' 기준으로 부과

사업자등록 후 5월 종합소득세 신고 시 소득 신고가 어떻게 이루어지는지에 따라 보험료 부과 기준도 달라집니다. 매출이 아닌 순수익(소득금액)을 기준으로 종합소득세를 신고하게 되며, 이 소득금액에 따라 건강보험료 등의 4대보험료가 산정됩니다.

따라서 창업 감면이 100% 된다고 '소득금액'을 비용 처리 없이 신고한다면, 4대보험료가 많이 나올 수 있으므로 주의해야 합니다. 소득세와 4대보험료는 별개입니다.

투잡해도 직장에 안 걸릴까요?

회사 정책을 검토해 보시기 바랍니다. 근로계약서에 겸업 금지 조항이 있는지 반드시 확인해야 합니다. 본업에 영향을 미치지 않는 범위 내에서는 투잡을 허용하는 회사도 있으나, 투잡을 전혀 허용하지 않는 회사도 있습니다.

직장에서 투잡을 금지하는 경우, 회사가 사업자등록 여부를 알 수 있는 방법은 다음과 같습니다.

- **직원을 등록하는 경우 '직장가입자'로 보험료가 부과됨**: 월 보수액이 637만 원을 넘는 경우, 국민연금 상한액에 걸리게 되어 회사와 내 사업장을 안분해야 하기 때문에 이 사실이 '회사에 통보'됩니다.
- **사업자등록상태 조회 자료를 요청하는 경우**: 보통 인건비 지원금을 받는 회사에서 요구합니다. '사업자등록여부 사실증명'을 홈택스에서 조회해서 달라고 하는데, 이 서류에는 한 사람의 모든 사업자등록, 폐업 이력이 나옵니다.
- **지방세 세목별 과세증명서를 달라고 하는 경우**: 직원 복지 차원에서 지원해 줄 때 지방세 세목별 과세증명서를 요구하는 경우가 있습니다. 여기에는 지방세 이력이 다 나옵니다. 이걸로 회사에서 사업자등록 여부를 알게 될 위험은 적지만 증명서를 요청받고 괜히 놀라실까 봐 말씀드립니다.

직원의 4대보험료

직장가입자로 전환

근로자를 처음 채용한 사업자는 근로자의 4대보험 가입을 위해 사업장 가입 신고를 해야 합니다. 이 과정에서, 고용된 근로자는 직장 가입자로 등록되며, 동시에 사업주도 직장가입자로 전환됩니다. 즉, 이 과정에서 사업주는 국민연금, 건강보험 직장가입자로 전환됩니다.

직원의 4대보험료 부담

직원 고용 시, 급여의 일정 비율에 대하여 사회보험

료를 납부해야 하는 의무가 발생합니다. 사업자는 근로자의 4대보험에 대한 보험료를 근로자와 함께 공동 부담하게 됩니다. 각 보험에 따른 부담 비율은 아래와 같습니다.

4대보험료 부담 비율

부담자	국민연금	건강보험/ 장기요양	고용보험 (실업급여)	고용보험 (고용안정)	산재보험
사업자	50%	50%	50%	100%	100%
근로자	50%	50%	50%	0%	0%

국민연금

근로자와 사업자가 각각 50%씩 부담합니다. 근로자 급여의 9%를 기준으로 산정되며, 절반씩 나눠서 납부합니다.

건강보험

근로자와 사업자가 각각 50%씩 부담합니다. 급여의 약 7.09%를 기준으로 산정되며, 이 외에 장기요양보험료(건강보험료의 약 12.81%)도 함께 납부합니다.

고용보험

실업급여에 해당하는 보험료(급여의 약 1.8%)는 근로자와 사업자가 각각 50% 부담합니다. 추가적으로 사업자는 고용안정 및 직업능력 개발 부담금도 추가로 부담합니다(급여의 약 0.25~0.85%).

산재보험

전액 사업자가 부담합니다. 산재보험료율은 업종에 따라 다르며, 업무 중 발생하는 재해에 대비하는 보험입니다.

실례

그럼 직원 한 명 고용 시 부담해야 하는 4대보험료는 얼마일까요? 이해가 쉽도록 예시를 들어보겠습니다. 최저 월 급여 기준으로 2,096,270원인 경우 근로자와 사업자가 각각 부담해야 하는 근로자의 4대보험료를 계산해 보겠습니다. (편의상 보험료율은 2025년 기준, 산재보험료율은 0.76%로 가정하겠습니다.)

4대보험료 부담 예시

(단위: 원)

구분	보험료 총액	근로자 부담금	사업주 부담금
국민연금	188,640	94,320	94,320
건강보험	148,620	74,310	74,310
건강보험 (장기요양)	19,240	9,620	9,620
고용보험	42,960	18,860	24,100
산재보험	20,962	0	20,962
합계	399,460	197,110	202,350

보험료 납부

사업자는 급여를 지급할 때 근로자가 부담해야 하는 보험료는 차감해서 지급하고, 사업주가 부담해야 할 4대보험료와 함께 사회보험공단에 납부해야 합니다(보통 자동이체가 신청되어 있음). 급여 지급 시 원천세를 징수하여 세무서와 지자체에 납부하는 것과 같은 원리입니다. 공제한 보험료는 매월 다음 달 10일까지 공단에 납부하여야 하며, 이때 근로자 몫과 사업자 몫을 합산해 납부해야 합니다.

실례

직원 한 명 채용 시 내야 하는 원천세, 지방세, 4대 보험료는 얼마일까요? 간단하게 표로 살펴보겠습니다.

구분	근로자	사업주 실부담액	사업주가 내야 할 금액	납부처
급여	2,096,270원	-	-	-
국민연금	94,320원	94,320원	94,320원	4대보험공단 (자동이체)
건강보험	74,310원	74,310원	74,310원	4대보험공단 (자동이체)
장기요양 보험료	9,620원	9,620원	19,240원	4대보험공단 (자동이체)
고용보험	18,860원	24,100원	42,960원	4대보험공단 (자동이체)
산재보험	0원	20,962원	20,962원	4대보험공단 (자동이체)
소득세	22,420원	-	22,420원	세무서(홈택스)
지방세	2,240원	-	2,240원	구청(위택스)
근로자 실수령액	1,874,490원	-	-	-

4대보험 가입의 예외

만 60세 이상이라 국민연금 또는 고용보험 가입 대상에서 제외되는 경우, 국민연금 및 건강보험 가입

대상에 해당하지 않는 단시간근로자를 고용하는 경우 등 예외적인 상황에서는 4대보험 중 일부 보험만 가입하게 됩니다.

8-3

두루누리
지원 제도

소규모 사업장에 대한 지원

직원을 고용하게 되면 4대보험료의 절반 넘게 근로자 대신 사업자가 내야 하는 부담이 생깁니다.

4대보험 요율을 합하면 회사 부담분은 근로자 급여의 10%에 달합니다. 소규모 사업장에서는 부담이 될 수 있는 금액입니다.

'두루누리 사회보험료 지원제도'는 이러한 소규모 사업장에서 근로자와 사업주의 4대보험 부담을 줄여주기 위한 정부 지원 제도입니다.

지원 요건

지원 요건은 매년 최저임금 인상에 따라 달라지며, 2025년 기준으로는 아래와 같습니다.

사업장 요건

근로자 수가 10명 미만인 사업장이어야 합니다.

근로자 요건

월 보수가 270만 원 미만인 근로자에 대해 지원합니다.

지원 대상

신규 가입자 또는 기존 가입자 중에서도 직전 1년간 보험 가입 이력이 없는 등 일정 요건을 충족해야 지원 가능합니다.

지원 제한

- 지원 신청일이 속한 연도의 전년도 재산 과세표준 합계가 6억 원 이상인 자.
- 지원 신청일이 속한 연도의 전년도 종합소득이 4300만 원 이상인 자.

지원 내용

근로자에 대한 보험료 중 근로자 부담분과 사업주 부담분 모두에 대하여 국민연금 및 고용보험료의 최대 80%까지 지원됩니다. 특히 국민연금은 보험 요율이 9%에 달하여 4대보험료 중 높은 부담 비율을 가지고 있기 때문에, 지원 요건에 해당하는 경우 반드시 지원 신청을 하는 것이 유리합니다.

두루누리 지원금은 내야 하는 보험료 액수에서 차감되는 방식으로 지원됩니다. 다만, 보험료를 기한 내에 납부하지 않아 연체가 발생한 경우 지원 대상에서 제외되며 기한 내에 납부하게 되면 다시 지원되므로 연체되지 않게 유의해야 합니다.

PART 9

모든 사업자를
위한 가산세
절세 전략

국세기본법 제47조(가산세 부과)에서는 "세법에서 규정한 의무를 위반한 자에게 이 법 또는 세법에서 정하는 바에 따라 가산세를 부과할 수 있다"라고 규정합니다. '규정한 의무' 즉 제 때, 제 방식으로만 납부해도 가산세에서 벗어날 수 있습니다. 지금부터 가산세를 내게 되는 안타까운 상황에 대해 알아보겠습니다.

9-1

무신고
가산세

일반적인 경우

법정신고 기한까지 세법에 따른 국세의 과표를 신고하지 않은 경우에는 무신고납부세액[10]의 20%를 가산세로 납부합니다.

다만, 아래 사업자는 다음 금액을 가산세로 납부합니다.

---

10 해당 신고로 원래 납부했어야 할 세액을 말합니다. 국세기본법 및 세법에 따른 가산세와 세법에 따라 가산하여 납부해야 할 이자 상당 가산액이 있는 경우 그 금액은 제외합니다.

복식부기의무자 MAX(①, ②)[11]	① 무신고납부세액×20% ② 수입금액×7/10,000
부가가치세 영세율 과표가 있는(영세율 대상 매출이 있는) 경우 (①+②)	① 무신고납부세액×20% ② 영세율과세표준×5/1,000

부정행위인 경우

위 일반적인 무신고가 아닌 부정행위로 과세표준 신고를 하지 않은 경우 무신고납부세액의 40%를 가산세로 납부합니다.

다만, 아래 사업자는 다음 금액을 가산세로 납부하며 국제 거래에서의 부정행위는 60%입니다.

복식부기의무자 MAX(①, ②)	① 무신고납부세액×40% ② 수입금액×14/10,000
부가가치세 영세율 과표가 있는 경우 (①+②)	① 무신고납부세액×40% ② 영세율과세표준×5/1,000

11　MAX (①, ②)는 ①과 ② 중 큰 금액을 낸다는 뜻입니다.

과소 신고 및
초과환급 가산세

일반적인 경우

법정신고기한까지 세법에 따라 신고를 한 경우이
나 ① 신고해야 할 세액보다 적게 신고하거나, ② 환급세
액을 신고해야 할 금액보다 많이 신고한 경우는 다음
금액을 가산세로 납부합니다.

일반적인 경우	과소신고납부세액×10%
부가가치세 영세율 과표가 있는 경우 (①+②)	① 과소신고납부세액 등×10% ② 과소신고된 영세율과세표준× 5/1,000

부정행위인 경우

위 일반적인 과소 신고·초과환급 신고가 아닌 부정행위로 과소신고한 경우는 아래 두 가지를 합한 금액을 가산세로 납부합니다.

- 부정 과소 신고 가산세=부정행위로 인한 과소 신고 납부세액 등×40%
- 일반 과소 신고 가산세=과소 신고 납부세액 등 ×10%

복식부기의무자 (max(①, ②)+③)	① 부정행위로 인한 과소신고납부세액 등×40% ② 부정행위로 과소신고된 과세 표준 관련 수입금액×14/10,000 ③ (과소신고납부세액 등-부정행위로 인한 과소신고납부세액 등)×10%
부가가치세 영세율 과표가 있는 경우 (①+②+③)	① 부정행위로 인한 과소신고납부세액 등×40% ② (과소신고납부세액 등-부정행위로 인한 과소신고납부세액 등)×10% ③ 과소신고된 영세율과세표준×5/1,000

9-3

납부지연
가산세

만약 신고기간 내에 세금을 납부하지 않았거나, 내야 할 세금에 미달하게 납부한 경우 또는 환급받을 세액을 초과하여 환급받은 경우에 부과합니다.

① 납부고지서에 따른 납부 기한까지 무납부(과소납부) 세액×3%

② 납부지연 가산세=무납부(과소납부) 세액×0.022%×경과일수

③ 환급지연 가산세=초과하여 환급받은 세액×0.022%×경과일수

※ 경과일수=납부 기한(환급받은 날) 다음 날부터 납부일까지의 일수

가산세
감면

과세표준수정신고서 제출이란?

처음에 신고한 내용에 오류가 있어서 자발적으로 수정 신고하는 것을 말합니다.

기한 후 신고 및 납부는 정해진 기한이 지난 후에 뒤늦게 신고 및 납부하는 것을 말합니다.

가산세 감면이란, 기한이 지났어도 신고를 못한 것을 빠르게 깨닫고 일정 기간 내에 신고하면 가산세(벌금)를 감면해 준다는 이야기입니다. 하지만 세무서가 조사할 것을 미리 알고 급하게 수정 신고한 경우에는 이런 혜택을 받을 수 없습니다.

가산세 감면 기간과 감면율

구분	기간	가산세	감면율(%)
수정 신고	법정신고기한 지난 후 1개월 이내	과소신고 초과환급 가산세	90
	법정신고기한 지난 후 1개월 초과 3개월 이내		75
	법정신고기한 지난 후 3개월 초과 6개월 이내		50
	법정신고기한 지난 후 6개월 초과 1년 이내		30
	법정신고기한 지난 후 1년 초과 1 년 6개월 이내		20
	법정신고기한 지난 후 1년 6개월 초과 2년 이내		10
기한 후 신고	법정신고기한 지난 후 1개월 이내	무신고 가산세	50
	법정신고기한 지난 후 1개월 초과 3개월 이내		30
	법정신고기한 지난 후 3개월 초과 6개월 이내		20

PART 10

업무용 승용차, 어디까지 경비 처리될까

사업과 관련하여 차량을 이용하는 경우가 있습니다. 차량을 취득하거나 유지하는 데는 비용이 발생하죠. 이를 경비 처리할 때는 차량의 종류, 운용 방법 등에 따라 처리 방법이 다릅니다. 관련 내용을 깔끔하게 정리해 보겠습니다.

10-1

보험 가입,
운행일지 주의하세요

복식부기의무자 중 차량이 두 대 있는 사업자와 법인사업자는 임직원전용보험 가입이 필수입니다. 대당 1500만 원까지 비용 처리가 가능하며, 초과분에 대해서는 운행일지를 작성해야 경비 처리가 가능합니다.

업무용 승용차 용도별 비용 처리 방법

구분	영업용	업무용
내용	개별소비세 과세되지 않는 차량으로 경차, 승합차, 트럭 등이 해당	개별소비세 과세되는 차량으로 대부분의 차량이 해당. 단 운수업, 자동차 판매업 등 영업에 직접 사용하는 건 제외
부가가치세	공제	불공제

소득세	전액 비용 처리	한도 내 비용 처리 ① 복식부기의무자가 아닐 때: 전액 ② 복식부기의무자일 때 ○ 1대: 1500만 원 이하 전액 손금 인정. 1500만 원 초과 시 업무 사용 비율만큼 인정 ○ 2대 이상: 전용보험 가입 시 1500만 원 이하 전액 손금 인정. 1500만 원 초과 시 업무 사용 비율만큼 인정
법인세	전액 비용 처리	한도 내 비용 처리 ① 임직원전용보험 가입 ○ 운행기록 작성: 1500만 원 이하 전액 손금 인정, 1500만 원 초과 시 업무 사용 비율만큼 인정 ○ 운행기록 미작성: 1500만 원 이하 전액 손금 인정, 1500만 원 초과 시 초과분 불인정 ② 임직원전용보험 미가입: 전액 불인정
비고		전용번호판 부착 의무 ○ 취득가액 8000만 원 이상 ○ 연녹색 전용번호판 ○ 2024년 1월 1일 이후 신규 또는 변경 등록되는 차량부터 적용(소급 미적용)

자가, 리스, 렌탈 등 구입 방법에 따른 세금 처리 방법의 차이는 없습니다. 하지만 이자 부담 등으로 총 부담금액이 달라질 수 있으므로 현금흐름이 좋다면 차량 총가액(차량금액+이자율 또는 리스료 또는 렌트료)이 낮은 방법으로 선택하는 것도 추천합니다. 다만 추후 더 이상 차량을 운행하지 않게 됐을 때 자차의 경우 중고차 판매 시 부가세를 부담해야 하기 때문에 사업 초기라 현금흐름이 좋지 않거나, 단기간 내 차량을 팔 계획이 있다면 리스 또는 렌트로 하시는 것이 유리합니다.

PART 11

___

부가가치세가
뭔데 이렇게
많아?

부가가치세는 우리가 물건이나 서비스를 살 때 지불하는 세금입니다. 쉽게 말해 물건값에 덧붙여 내는 세금이죠. 이 세금은 물건이 만들어지고 유통되고 팔리는 모든 과정에서 붙습니다. 하지만 최종적으로는 물건을 사는 우리가 모두 부담하게 됩니다. 사업자는 그저 이 세금을 소비자에게 받아 정부에게 전달해 주는 심부름꾼 역할을 하는 것이죠. 간단히 말해, 부가가치세는 우리가 쇼핑할 때마다 조용히 숨어 있는 세금인 것입니다.

부가가치세의 기본 원리

부가가치세 계산은 '내가 받은 세금'에서 '내가 낸 세금'을 빼는 것입니다. 세 단계로 간단히 계산할 수 있습니다.

1. 매출세액 계산
2. 매입세액 계산
3. 부가가치세 납부 또는 환급세액 계산

매출세액

물건이나 서비스를 팔 때 고객으로부터 받은 부가세.

매입세액

사업자가 물건이나 서비스를 구매할 때 낸 부가세.

매출세액 계산

사업자가 상품이나 서비스를 판매한 금액에 부가
세율(한국은 10%)을 적용하여 계산합니다.

- 계산법: 판매금액×10%=매출세액
- 예시: 물건을 판매하고 1100만 원을 받았다면
  - 판매(매출) 금액: 1000만 원
  - 매출세액: 1000만 원×10%=100만 원
  - 손님에게 받는 총액: 1100만 원(물건값+세금)

예를 들어 한 회사가 상품으로 1000만 원의 매출을
올렸다면 매출세액은 1000만 원의 10%인 100만
원입니다. 즉, 회사는 1000만 원의 매출금액에 100
만 원의 부가세를 더해 총 1100만 원을 고객에게서
받게 됩니다.

매입세액 계산

매입세액은 사업자가 상품이나 서비스를 구매할
때 낸 부가세입니다. 이 매입세액은 사업자가 부

가가치세 신고 시 매출세액에서 공제받을 수 있습니다.

- 계산법: 구매금액×10%=매입세액
- 예시: 550만 원을 주고 상품을 매입했다면
  - 구매금액: 500만 원
  - 매입세액: 500만 원×10%=50만 원
  - 거래처에게 줄 금액: 550만 원(물건값+세금)

예를 들어 한 회사가 상품 매입금액이 500만 원이라면 매입세액은 500만 원의 10%인 50만 원입니다. 이 50만 원은 회사가 부가가치세 신고 시 매출세액에서 공제할 수 있습니다.

부가가치세 납부세액 계산

부가가치세 납부세액은 매출세액에서 매입세액을 차감하여 계산합니다.

부가가치세 납부세액=매출세액-매입세액

예를 들어 매출세액이 100만 원, 매입세액이 50만 원인 경우를 생각해 봅시다. 부가가치세 납부세액은 100만 원에서 50만 원을 차감한 50만 원이 됩니다. 다시 말해 회사는 매출로 발생한 부가가치세 100만 원에서 매입 시 납부한 50만 원을 공제한 후, 최종적으로 50만 원만 세무서에 납부하면 됩니다.

부가가치세 계산 시 유의사항

부가가치세를 계산할 때는 몇 가지 예외적인 상황
이 있습니다. 이런 상황들을 알기 쉽게 설명해 드리
겠습니다.

세금이 0%인 경우(영세율)

어떤 거래는 부가세가 아예 붙지 않습니다. 예를 들
어 외국으로 물건을 파는 경우(수출)가 이에 해당합
니다. 이런 경우 매출세액은 0원이고, 물건을 만들
때 이미 낸 매입세액은 돌려받을 수 있습니다.

매입세액 불공제 항목

모든 매입세액이 공제 가능한 것은 아닙니다. 업무와 관련이 없거나 특정한 용도의 매입에 대해서는 공제가 불가능합니다. 매입세액으로 인정받지 못하는 경우는 다음과 같습니다.

- 영수증이나 세금계산서가 없는 경우: 증빙이 없으면 부가세에서는 매입세액으로 인정받지 못합니다.
- 사업과 관계없는 지출: 회사와 상관없는 물건을 샀을 때에 해당합니다.
- 비영업용 소형 승용차 구입과 유지에 관한 비용: 일반 승용차의 경우 부가세가 아닌 소득세에서만 비용 처리 가능합니다.
- 접대비.
- 세금이 면제되는 물건을 파는 사업과 관련된 지출.
- 토지관련 지출: 토지 구입이나 관련 비용에 대한 세금은 돌려받을 수 없습니다.
- 해외 관련 비용(메타광고, 챗GPT, 노션 등): 국내 부가세를 내지 않으니 매입세액으로 공제받을 것이

없습니다.

∘ 택시, KTX, 비행기 등: 세금계산서 발급이 불가능한 업종이라 카드 지출이어도 부가세 매입세액 공제가 불가능합니다.

∘ 버스, 지하철: 부가세 면세대상이라 애초에 납부한 부가세가 없어 공제할 매입세액이 없습니다.

면세사업자의 매출

부가가치세 면세사업자는 상품이나 서비스를 판매할 때 부가가치세를 부과하지 않으며, 매출세액도 발생하지 않습니다. 예를 들어 병원의 의료 서비스나 교육 서비스는 부가가치세 면세 대상입니다.

매출, 어디에서 조회해서 신고할까

플랫폼마다 매출을 조회하는 곳이 다릅니다.

- 일반마켓: 부가세 신고 매출내역 조회 화면
- 글로벌마켓: 소포수령증/수출신고필증

국내 일반 마켓

스마트스토어 예시

○ 순서: 네이버스마트스토어→정산관리→부가세신
  고내역→기간 선택(일반과세자라면 상반기 또는 하반기)
○ 스마트스토어에서는 매출 자료를 쉽게 조회할 수

있습니다. 부가세 신고 메뉴를 통해 접근하며, 필요한 매출 정보를 엑셀 파일로 다운로드할 수 있습니다.

○ 면세와 과세 상품을 함께 운용하는 경우, 각각의 매출을 정확히 분리해서 기록해야 합니다.

○ 간이과세자의 부가세 신고 내역을 보면 면세 매출금액에 금액이 떠 있는데 실제로는 과세 매출인 경우가 있습니다. 잘 정리해서 과세 매출로 신고해야 합니다.

기타 매출 신고

현금영수증 매출, 카드 매출은 각각 국세청 자료와 일치해야 하며, 이를 통해 매출을 신고합니다.

구매대행

○ 구매대행 사업자는 주로 수수료를 기반으로 매출을 신고합니다. 상품 매입에 대한 세액 공제는 인정되지 않습니다.

○ 보통 수수료 매출은 셀러픽 등 프로그램에서 다운로드합니다.

○ 매입과 관련된 모든 비용(상품 구매, 배송비 등)은 별도의 카드를 사용하여 관리하는 것이 좋습

니다. 이는 국세청 소명 시 필요한 증빙 자료를 제
공하기 위함입니다.

◦ 그 외 쇼피, 쿠팡 등 각종 플랫폼 매출 조회 방법
은 세무법인 엑스퍼트-전자상거래센터 블로그
(blog.naver.com/actily)에서 확인 가능합니다.

TIP 스마트스토어 매출 신고

스마트스토어 정산서는 '판매일', '구매확정일', '입금일'
이 각각 다르게 표시됩니다. 그런데 국세청은 '정산완
료일'이 아니라, '구매확정일' 기준으로 매출을 봅니다.
정산서 합계만 보고 신고하면 "나는 정산서대로 신고
했는데?" 하다가 나중에 국세청이 자료 대조할 때 '매
출 누락'이나 '매출 시기 오류'로 세금을 추징당할 수 있
습니다. 따라서 매출 신고는 반드시 '구매확정일 기준'
으로 정리해야 합니다.

TIP **매출 실적이 없어도 신고해야 하나요?**

매출 실적이 없어도 매입 비용이나 사업 관련하여 사용한 비용에 대해 부가세 환급을 받을 수 있기에 신고하는 것이 유리합니다.

TIP **플랫폼 내 할인 및 프로모션**

플랫폼 내 할인 쿠폰 및 프로모션은 매출 처리에 영향을 줄 수 있습니다.

쿠폰 할인 처리는 매출에서 차감하거나 이미 차감된 매출이 플랫폼 내에서 조회됩니다. 예를 들어 쿠팡에서 제공하는 쿠폰 할인은 초기에는 매출로 잡혔을 수 있지만, 현재는 매출에서 자동으로 차감됩니다. 스마트스토어에서는 매출에서 별도로 차감해야 합니다.

정책이나 매출 집계 방법이 수시로 바뀌기 때문에 세금 신고 시 이러한 할인이 적절히 반영됐는지 확인해야 합니다.

글로벌 마켓

영세율 적용받기

글로벌 마켓에서 상품을 판매하는 사업자가 부가
세 신고 시 영세율을 적용받으려면 몇 가지 중요한
절차를 따라야 합니다. 영세율은 수출된 상품 및 서
비스에 적용되어 부가세가 면제됩니다. 영세율 적
용 조건은 다음과 같습니다.

○ 부가세 신고서에서 해당 매출이 일반 세율인
  10%인지, 아니면 영세율을 적용받아야 하는지를
  명시해야 합니다.
○ 수출 실적이 있는 경우 '수출실적명세서'를 작성
  해 첨부합니다.
○ 수출 신고를 하지 않은 경우, '영세율명세서' 작성
  과 함께 필요한 첨부 서류(예: 소포수령증)를 제출
  해야 합니다.

가끔 수출 신고를 꼭 해야 하는지 궁금해하시는 분
들이 계십니다. 수출 신고를 꼭 해야 영세율 환급
을 받을 수 있는 것은 아니지만, 추후 지원금 등에
서 수출 실적 인정을 받으려면 수출 신고를 해야 합

니다.

소포수령증 신청 방법

○ 쇼피: 두라로지스틱스로 쇼피 주문내역을 다운로
  드해 ecom@doora.co.kr로 메일 발송.
○ 라자다: 핀토스 담당자에게 양식에 맞춰 소포수
  령증 요청 메일 전송.
○ 큐텐: 홈페이지에서 소포수령증 신청 가능.

환급은 언제 되나요

신고 기한 마지막 날로부터 30일 이내에 환급됩
니다. 즉, 상반기 매입내역 환급은 8월 말 이내, 하
반기 매입내역 환급은 다음해 2월 말 이내에 환급
됩니다.

참고로 환급을 신청하면 카드 매입 내역 조사를
받을 수 있습니다. 리셀러의 경우, 보통 카드로 상
품 매입을 하여 판매하는 경우가 많아 카드를 통한
환급금액이 상당합니다. 세금계산서의 경우, 어떤
품목을 샀는지 적요에 적게 되어 있지만, 카드의 경
우 구입처만 있기 때문에 환급금액이 500만 원이
넘는다면 세무서에서 네이버, 올리브영 등에서 산
금액의 '상세내역'을 파악하기 위해 구입 물품, 영

수증 등을 요구할 수 있습니다.

매출 신고를 틀리게 했어요

매출은 '부가세 신고' 시 확정됩니다. 소득세는 '부가세 때 확정된 매출'을 토대로 추가 비용을 반영하여 계산됩니다.

만약 매출을 수정해야 한다면 ① 부가세 신고를 먼저 수정하고 ② 소득세 신고서를 수정하는 순서로 진행하시면 됩니다.

전자상거래 사업을 운영하면서 세금 신고를 위해 필요한 첫걸음은 정확한 매출과 매입 자료의 수집입니다. 실제로 전자상거래업은 플랫폼마다 다양한 매출, 매입 구조를 가지고 있습니다. 상담을 하다 보면 이런 질문을 받곤 합니다.

"세무사에게 맡겼는데 전자상거래를 잘 몰라 매출이 더 많이 신고된 것 같아요. 혹시 수정 신고 가능한가요?"

"플랫폼 비용을 누락해서 신고했는데 수정 신고 (경정청구)가 가능한가요?"

직접 세무 처리를 하지 않고 세무 대리인을 고용

하더라도 제대로 처리가 됐는지 확인하기 위해서는 내가 먼저 매출 및 비용 처리에 대해 알아야 합니다.

간이과세자에서 일반과세자로 바뀔 때 놓치면 아까운 세금 혜택

사업이 성장해서 '간이과세자'에서 '일반과세자'로 바뀌게 될 때, 알아두면 좋은 세금 혜택이 있습니다. 이때가 바로 쌓여 있는 재고에 대한 세금을 돌려받을 수 있는 기회입니다.

어떤 혜택인가요?

간이과세자일 때는 물건을 살 때 낸 세금(매입세액)을 제대로 돌려받지 못했습니다. 하지만 일반과세자로 바뀌면서, 아직 팔지 않고 가게에 남아 있는 물건들에 대해 이미 낸 세금을 돌려받을 수 있습니다.

어떻게 진행하나요?

이 혜택을 받으려면 정해진 순서대로 신청해야 합

니다.

① 재고 관리 대장 준비

보관 중인 재고의 목록을 정리한 재고관리대장이
필요합니다. 재고관리대장에 꼭 적어야 하는 내용
은 다음과 같습니다.

◦ 물건 이름
◦ 물건 가격(원가)
◦ 물건 들어온 날짜

② 재고 매입 공제 신청

일반과세자로 바뀐 날 기준으로 보관 중인 재고에
대해 추가 매입세액 공제를 받기 위해 신청합니다.
예를 들어 재고금액이 23,781,521원일 경우, 받을
수 있는 추가 환급액은 대략 1,994,780원 정도입
니다. 이 계산은 해당 재고에 적용되는 세율에 따라
달라집니다.

③ 계산식

재고품: 재고금액 $\times 10/110 \times (1-0.5\% \times 110/10)$

일반과세자에서 간이과세자로 변경됐어요

글로벌셀러라면 간이과세자 포기 신고를 해야 합니다. 소급해서 신청되지 않기 때문에 때에 맞춰서 신청하는 것이 중요합니다.

부수 수익은 어떻게 처리해요? (쿠팡 파트너스)

쿠팡 파트너스는 쿠팡이 운영하는 온라인 제휴 마케팅 서비스입니다. 본인 플랫폼(인스타, 유튜브)에 쿠팡 제품 링크를 공유하고 구매가 이뤄지면 쿠팡으로부터 수수료를 받는 시스템입니다.

쿠팡 파트너스 수익의 경우 세금계산서가 역발행되는데, 간이과세자의 경우 역발행 세금계산서가 발행되지 않습니다. 즉, 법인 또는 일반 개인사업자의 경우에만 쿠팡에서 역으로 매출 세금계산서를 발행합니다.

개인 파트너스의 경우, 수익은 원천세를 제외한 금액으로 지급되고 이는 개인 소득으로 처리돼 소득세 때 다른 소득과 합산해 신고해야 합니다.

세무조사 정말 랜덤 추첨일까?

세무조사에는 정기와 비정기 조사가 있습니다. 정기 조사는 진짜 무작위입니다. 4년 이상 세무조사를 받지 않은 사업자 중에서 뽑고, 조사 15일 전에 미리 알려줍니다.

비정기 조사는 탈세 제보나 혐의가 있어서인 경우가 많고 대부분 제보로 이뤄집니다. 때문에 불시에 들이닥쳐서 "세무조사입니다! 다들 자리에서 일어나세요!" 하고 컴퓨터랑 금고를 모두 뒤집니다.

PART 12

종합소득세
어떻게 내요?

종합소득세는 개인이 1년 동안 벌어들인 모든 돈에 대해 내는 세금입니다. 월급, 사업으로 번 돈, 은행 이자 등 다양한 수입을 모두 합쳐서 계산합니다.

많이 벌면 더 많이 내요

종합소득세는 많이 벌면 더 많이 내는 구조를 가지고 있습니다. 소득이 커질수록 구간별로 더 높은 세율이 적용되는 구조를 '누진세'라고 합니다.

할인 혜택이 있어요

다양한 방법으로 세금을 깎을 수 있습니다. 이를 '공제'라고 하는데, 소득공제(세금계산 전 수입에서 빼주는 것)와 세액공제(계산된 세금에서 직접 빼주는 것) 두 가지가 있습니다.

이제 종합소득세가 어떻게 계산되는지 차근차근 알기 쉽게 설명해 드리겠습니다.

종합소득세 계산의 기본 흐름

종합소득세 계산은 다음과 같은 순서로 이뤄집니다.

1. 모든 수입 더하기: 1년 동안 벌어들인 모든 돈을 합칩니다.
2. 사업 비용 빼기: 사업을 하는 사람은 사업에 쓴 비용을 뺍니다.
3. 소득공제 적용하기: 국가에서 인정하는 지출을 수입에서 뺍니다. (국민연금 등)
4. 과세표준 구하기: 위의 절차를 통해 세금을 매길 기준 금액을 구합니다.
5. 세율 적용하기: 내 소득 구간에 맞는 세율을 적용해 세금을 계산합니다.

6. 세액공제 및 감면 적용하기: 세금에서 깎아주는 혜택을 적용합니다.
7. 가산세 더하기: 일부 의무를 수행하지 않은 경우에 내는 추가 세금을 계산합니다. (현금영수증 미가맹 등)
8. 이미 낸 세금 빼기: 미리 낸 세금이 있다면 뺍니다. (11월에 내는 중간예납 또는 3.3%로 이미 징수된 금액 등)
9. 최종 납부세액 계산: 실제로 내야 할 세금을 최종 계산합니다.

종합소득금액 산정

종합소득금액은 개인이 1년 동안 얻은 모든 소득을 합친 금액입니다. 다양한 방법으로 번 돈을 모두 더해서 계산합니다.

예를 들어 직장을 다니며 발생한 근로소득이 3000만 원, 외주 업무나 개인 사업 등으로 발생한 사업 소득이 2000만 원이라면 종합소득금액은 5000만 원이 됩니다.

종합소득금액에 포함되는 소득의 종류를 알려드

리겠습니다.

근로소득

회사에서 근무하고 받는 월급, 상여금, 수당 등 회사나 기관에서 일한 대가로 받은 모든 금전적 보상을 포함합니다.

사업소득

개인이 사업을 운영하여 얻는 소득. 가게나 사업체를 운영해 번 돈(자영업자), 프리랜서로 일해서 번 돈, 건물 임대로 번 돈 등을 말합니다.

이자소득

금융 자산에서 발생한 이자 수익. 예금 이자, 채권 이자, 대출 이자 등 금융상품이나 금전 대여를 통해 얻은 수익을 포함합니다. (단, 이자 및 배당 소득금액이 2000만 원 초과 시에만 종합소득으로 합산됨)

배당소득

주식이나 배당으로 얻은 소득. 회사가 주주에게 나눠주는 이익금, 투자한 곳에서 받는 배당을 말합니다. (단, 이자 및 배당 소득금액이 2000만 원 초과 시에만

종합소득으로 합산됨)

연금소득

국민연금, 공무원 연금, 사적연금(퇴직연금, 개인연금) 등에서 발생하는 소득.

기타소득

자문해 주고 받은 돈, 강연하고 받은 돈, 상금이나 경품 및 복권 당첨금 등.

이렇게 다양한 방법으로 번 돈을 합쳐서 종합소득 금액을 계산합니다.

필요경비 차감

돈을 벌기 위해 사업에 쓴 비용은 소득에서 뺄 수 있습니다. 이를 '필요경비'라고 합니다.

예를 들어 1년에 5000만 원을 벌었는데 사업에 쓴 비용이 3000만 원이라면 실제로 세금이 매겨지는 금액은 2000만 원이 됩니다.

소득세 비용 처리가 되는 항목들

- 인건비
- 월세
- 비품, 컴퓨터, 핸드폰 구입 비용
- 인테리어 비용
- 식사 비용, 접대비

소득공제 적용

소득공제는 세금을 계산할 때 소득에서 일정 금액을 빼는 혜택입니다.

다양한 소득공제가 있으며 기본 공제 외에도 특별한 요건을 충족하면 추가 공제를 받을 수 있습니다.

주요 소득공제 항목은 다음과 같습니다.

기본공제

본인, 배우자, 부양가족 1인당 150만 원 공제. 단, 소득 요건과 나이 요건에 맞는 배우자, 부양가족만 공제 가능합니다.

- 자녀: 만 20세 이하.

∘ 부모, 조부모: 만 60세 이상.

∘ 소득 요건: 연간 소득금액 100만 원 이하. 만약 근로소득만 있다면 총 급여 500만 원 이하.

추가공제

∘ 경로우대공제: 기본공제 대상자 중 만 70세 이상 자가 있다면, 1명당 연 100만 원을 추가 공제해 줍니다.

∘ 장애인공제: 기본공제 대상자 중 장애인이 있으면 1명당 연 200만 원을 추가 공제해 줍니다.

∘ 부녀자공제: 종합소득금액 3000만 원 이하이면 서 ① 미혼+부양가족이 있는 경우, ② 기혼+배우자가 있는 경우 연 50만 원을 추가로 공제해 줍니다.

∘ 한부모공제: 배우자가 없는 자가 기본공제 대상 자로 자녀 또는 입양자가 있는 경우 연 100만 원을 추가 공제해 줍니다.

과세표준 산출

세금 계산의 기준: 과세표준 알아보기

과세표준은 실제로 세금을 매기는 기준이 되는 금

액입니다. 쉽게 말해 "이만큼의 돈에 세금을 매길게요"라고 정하는 금액이죠. 과세표준은 다음과 같이 계산합니다.

과세표준=종합소득금액-소득공제

앞서 설명했듯이 종합소득금액은 개인이 1년 동안 얻은 모든 '소득'을 합친 금액입니다. 소득은 '매출-비용'이고요. 과세표준은 그 종합소득금액에서 소득공제까지 완료한 금액을 말합니다.

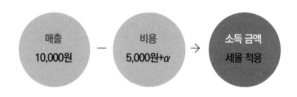

소득금액(과세표준)	세율	누진 공제액
1,400만 원 이하	6%	–
5,000만 원 이하	15%	126만 원
8,800만 원 이하	24%	576만 원
1억 5,000만 원 이하	35%	1,544만 원
3억 원 이하	38%	1,994만 원
5억 원 이하	40%	2,594만 원

10억 원 이하	42%	3,594만 원
10억 원 초과	45%	6,594만 원

예를 들어 1년 동안 5000만 원을 벌었고, 여러 가지 비용과 소득공제를 합친 금액이 3000만 원이라면 '5000만 원-3000만 원=2000만 원', 이렇게 계산된 2000만 원이 바로 과세표준입니다. 이 금액에 세율을 곱해서 실제 내야 할 세금을 계산하게 됩니다.

세금 계산 방법: 쉬운 예시로 이해하기

과세표준 4700만 원을 예로 들어 설명해 보겠습니다. 세금 계산은 단계별로 이루어집니다. 마치 층계를 올라가듯이, 금액마다 다른 세율이 적용됩니다. 단계별 세금 계산 과정은 다음과 같습니다.

① 첫 번째 구간(1400만 원까지)
○ 1400만 원×6%=84만 원
○ 첫 1400만 원에 대해서는 6% 세율이 적용됩니다.

② 두 번째 구간(1400만 원 초과~5000만 원 이하)
○ (4700만 원-1400만 원)×15%=495만 원

◦ 1400만 원을 넘는 부분(3300만 원)에 대해서는 15% 세율이 적용됩니다.

③ **총 내야 할 세금**(산출세액)
◦ 84만 원+495만 원=579만 원
◦ 각 구간의 세금을 모두 더하면 최종적으로 내야 할 세금이 됩니다.

이렇게 수입이 많아질수록 더 높은 세율이 적용되는 '누진세' 방식으로 세금이 계산됩니다.

세액공제 및 세액감면 적용

◦ 기장세액공제
◦ 외국납부세액공제
◦ 재해손실세액공제
◦ 배당세액공제
◦ 근로소득세액공제
◦ 전자신고세액공제
◦ 성실신고확인비용세액공제
◦ 중소기업특별세액감면 등

가산세 적용

무신고 가산세, 과소 및 초과환급 신고 가산세, 납부지연 가산세, 증빙불비 가산세, 무기장 가산세 등이 있습니다.

기납부세액

중간예납세액, 수시부과세액, 원천징수세액 등입니다.

최종 납부(환급)할 세액

위 과정을 모두 거쳐 나온 마지막 금액이 최종 납부 세액입니다.

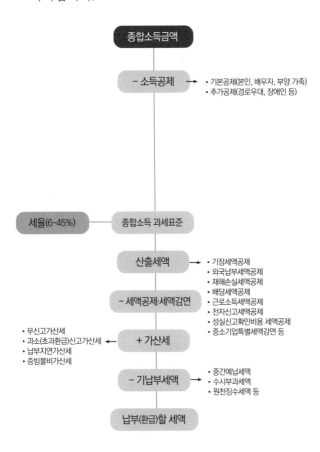

회사의 성적표, 손익계산서 쉽게 읽는 법

손익계산서란?

손익계산서는 회사가 일정 기간 동안 얼마나 돈을 벌었고, 얼마나 썼는지 보여주는 '회사의 성적표'입니다. 마치 가계부처럼 수입과 지출을 모두 기록해 놓은 거죠.

왜 손익계산서를 읽어야 할까?

손익계산서를 읽으면 다음과 같은 중요한 정보를 알 수 있습니다.

○ 어디에 돈을 많이 쓰고 있는지

○ 지난해보다 지출이 얼마나 증가하고 감소했는지

○ 회사가 실제로 돈을 벌고 있는지

아래는 이해를 돕기 위한 간단한 손익계산서 예시입니다.

손익계산서 예시

과목	금액(원)	비고
상품 매출	700,000,000	매출 총계액
매출원가 (기초상품매입액+당기 상품매입액-기말상품매입액)	280,000,000	매출에 대응하는 상품원가
기초 상품 매입액	10,000,000	작년에 넘어온 재고 금액
당기 상품 매입액	300,000,000	올해 구입한 상품 매입 총액
기말 상품 매입액	30,000,000	올해 남은 상품 재고 금액
매출총이익	420,000,000	매출총액-매출원가
직원 급여	36,000,000	4대보험 가입자 원천세 신고한 급여액
상여금	2,000,000	4대보험 가입자 원천세 신고한 상여액
복리후생비	6,000,000	식비, 간식비용
여비교통비	1,000,000	교통비, 출장비, 출장숙박비

항목	금액	설명
접대비	3,000,000	경조사, 일반 식비로 분류하기 어려운 부류 (골프장, 면세점, 20만 원 이상 식사류 등)
통신비	1,200,000	우체국, 휴대폰, 인터넷 비용
수도·광열비	300,000	상수도, 가스비 등
전력비	1,000,000	전기료
세금·공과금	800,000	직원 대표자 국민연금, 지방세 등
감가상각비	2,000,000	비품에 대한 감가상각비
지급 임차료	9,600,000	임대료
보험료	1,600,000	사업주 부담 산재보험, 고용보험, 화재보험 등
차량유지비	3,800,000	유류비
운반비	51,000,000	택배, 운송료 등
도서인쇄비	200,000	명함, 현수막, 도서 등
소모품비	40,000,000	마트, 다이소, 편의점 등 소모품비용
지급수수료	40,000,000	플랫폼 수수료, 각종 지급하는 수수료
광고선전비	40,000,000	홍보, 광고, 마케팅 등
외주비	1,000,000	3.3% 사업소득자 원천세 신고 급여
영업이익	**215,500,000**	**매출총이익-판매비와 관리비**
영업외수익	8,000,000	영업 외의 수익들
잡이익	3,000,000	단수차액, 부가세 신용카드 발행세액공제, 두루누리 지원금 등
국고보조금	5,000,000	각종 정책 지원금
영업외비용	0	영업외비용 총액

이자 비용	1,200,000	대출 이자
기부금	2,000,000	기부금 지출 금액
잡손실	0	과태료, 단수 차액 등
당기순이익	220,300,000	(영업이익+영업외수익-영업외비용)

손익계산서 맨 아래쪽에 나온 '당기순이익'이 보이시나요? 이것은 회사가 모든 비용을 제외하고 실제로 벌어들인 순수한 이익입니다. 종합소득세는 바로 이 당기순이익을 기준으로 계산됩니다. 다만, 여기에 몇 가지 세금 관련 조정 사항이 더해지거나 빠질 수 있습니다.

세금 계산의 마지막 단계: 회계장부와 세금장부의 차이

회사의 실제 수익에서 세금법에 맞게 약간의 조정을 한 후에 최종 세금이 계산됩니다. 이런 조정 과정을 '세무조정'이라고 합니다.

세무조정이 필요한 이유: 예시로 알아보기

- 회계장부상: 손님 접대에 쓴 비용(접대비)이나 기부금은 얼마를 써도 다 비용으로 인정받을 수 있습니다.
- 세금장부상: 소득세법에서는 접대비와 기부금에

한도가 있습니다. 이 한도를 넘어가는 금액은 비용으로 인정받지 못합니다.

즉, 회사가 접대비로 5000만 원을 썼는데 세법상 한도가 3600만 원이라면 나머지 1400만 원은 비용으로 인정받지 못하고 이익에 다시 더해져 세금을 내야 합니다. 이렇게 장부상 이익을 세금법에 맞게 고치는 과정이 바로 '세무조정'입니다. 보통 세무조정의 경우 세무 대리인을 통해 진행하게 됩니다.

PART 13

법인세는
뭐가 다를까

법인세는 법인이 번 돈에 대해 내는 세금입니다. 소득세와 마찬가지로 여러 항목을 고려한 후 최종적으로 납부할 세액을 계산합니다. 법인세 또한 누진세율 구조로 되어 있으며 세액공제와 감면을 적용해서 최종 법인세가 계산됩니다.

13-1

법인세 계산
이렇게 됩니다

전체적인 법인세 계산 흐름을 정리한 표입니다.

단계별 법인세 계산법

구분	항목
	법인결산상 당기순이익
+ (세무 조정)	익금산입 및 손금불산입
− (세무 조정)	손금산입 및 익금불산입
=	각 사업연도 소득금액
−	이월결손금
−	비과세 소득
−	소득공제
=	법인세 과세표준
×	세율 적용
=	법인세 산출세액

−	감면세액
−	세액공제
+	가산세
+	감면분 추가 납부세액
=	총 부담세액(납부할 법인세액)
−	기납부세액(중간예납, 수시부과세액, 원천징수세액)
=	신고납부세액

주의!
순이익과 회계장부 관리

법인 결산상 당기순이익

법인 당기순이익은 개인과 마찬가지로 회사가 한 해 동안 실제로 벌어들인 순수 이익을 말합니다. 간단히 말해 '총수익-총지출=순이익'입니다.

개인과 법인 차이점

- 개인: 법에서 정해놓은 특정 소득에만 세금 부과
- 법인: 어떤 방식으로든 벌어들인 모든 수익에 세금 부과

총수익이란?

총수익은 회사가 1년 동안 벌어들인 모든 돈을 합

친 금액입니다.

총수익에 포함되는 것들

- 주된 사업으로 번 돈: 제품 판매, 서비스 제공 등
- 이자로 번 돈: 은행 예금이나 채권에서 발생한 이자
- 투자로 번 돈: 주식 배당금
- 자산 팔아서 번 돈: 부동산이나 설비를 팔아 생긴 이익

회사 세금 계산의 조정 사항

법인세 또한 회계장부와 법인세법의 차이를 조정 해야 합니다.

익금산입

회계장부엔 수익으로 기록되지 않았지만 법인세법 에서 '이건 수익'이라고 말하는 항목.

익금불산입

회계장부에는 수익으로 기록됐지만, 법인세법에서 는 '이건 세금 매길 수익이 아니야!'라고 말하는 항

목. (예: 법인세 환급금)

손금산입

회계장부에는 비용으로 기록되지 않았지만, 법인세법에서는 '이건 비용으로 인정해 줄게!'라고 말하는 항목.

손금불산입

회계장부에는 비용으로 기록됐지만, 법인세법에서는 '비용으로 인정 못해!'라고 말하는 항목. (예: 벌금, 과태료, 한도 초과 접대비, 법인세 비용, 업무 무관 자산 이자 등)

과세표준 산출

익금과 손금 조정을 통해 최종 과세표준을 계산합니다. 과세표준은 법인세를 부과할 기준이 되는 소득 금액입니다.

**과세표준= 각 사업연도 소득금액-이월결손금
-비과세소득-소득공제**

세율 적용

과세표준에 따라 법인세율을 적용하여 산출세액을 계산합니다. 한국의 법인세율은 과세표준에 따라 누진적으로 적용되며, 2025년 기준 법인세율은 다음과 같습니다.

2025년 기준 법인세율

과세표준	세율	누진공제
2억 원 이하	9%	-
2억 원 초과 200억 원 이하	19%	2000만 원
200억 원 초과 3000억 원 이하	21%	4억 2000만 원

세액공제 및 세액감면 적용

법인세를 계산한 후에도 여러 가지 방법으로 세금을 깎을 수 있습니다. 이를 '세액공제'나 '세액감면'이라고 합니다. 세금을 깎아주는 대표적인 항목들은 다음과 같습니다.

- 연구인력개발비 세액공제: 회사가 새로운 기술이나 제품을 개발하기 위해 쓴 돈의 일부를 세금에서 깎아줍니다.
- 통합고용 세액공제: 직원을 채용하면 그에 대한 보상으로 세금을 깎아줍니다. 일자리 창출을 장려하고 고용을 늘리는 회사에 혜택을 주는 제도입니다.
- 창업중소기업 세액감면: 새로 시작한 회사들이 자리를 잡을 수 있도록 세금 부담을 줄여줍니다.

세액공제나 감면은 각각 계산 방법과 혜택이 다릅니다. 회사의 상황에 맞는 항목을 잘 활용하면 최종적으로 내야 할 세금을 크게 줄일 수 있습니다.

최종 납부세액 결정

최종 납부세액은 처음 계산한 세금에서 여러 가지 혜택과 이미 낸 세금을 모두 뺀 후, 실제로 내야 할 세금을 말합니다.

최종 납부세액= 산출세액-세액공제-이미 낸 세금

쉽게 말해 처음에 계산한 세금에서 받을 수 있는 모든 할인과 미리 낸 세금을 빼고 남은 금액이 실제로 납부해야 할 최종 세금입니다.

PART 14

작은 사업체를
위한 세금 감면
혜택

대다수의 중소기업은 조세 절감 효과가 큰 세액공제, 세액감면의 적용에 어려움이 있습니다. 그나마 있는 중요한 감면 혜택을 모르거나 시기를 잘못 알아 제때 신청하지 못하는 등 세금 혜택을 놓치는 경우가 많습니다.

지금부터 대표적인 세금 감면 및 공제 제도에 대해 알아보겠습니다. 전자상거래 업종은 생각보다 받을 수 있는 세제 혜택이 다양합니다. 하지만 실제 신고 과정에서는 이런 혜택을 빠뜨리는 경우가 의외로 많습니다. 대표님께서도 꼭 나에게 적용되는 감면 혜택이 무엇인지 꼼꼼히 확인해 보시기 바랍니다. 모르고 넘기면, 혜택을 놓치고 세금을 더 내게 될 수 있습니다. 혹시 이미 놓친 혜택을 발견하셨다면 경정청구 등을 통해 꼭 환급받으시기 바랍니다.

창업중소기업에 대한 세액감면

창업중소기업 세액감면 제도란?

창업중소기업 세액감면은 새롭게 사업을 시작하는 중소기업의 부담을 덜어주기 위한 제도입니다.

온라인에서 물건을 파는 사업(쇼핑몰, 오픈마켓)을 시작하면 최대 5년 동안 세금의 50~100%를 안 내도 됩니다.

감면율 결정 요소

창업자의 나이와 사업장 위치에 따라 감면율이 달라집니다.

청년이란?

창업 당시 만 15세 이상 만 34세 이하인 자.

수도권 과밀억제권역이란?

○ 서울특별시 전역

○ 인천광역시 대부분의 지역(제외: 강화군, 옹진군, 서구[대곡동, 불로동, 마전동, 금곡동, 오류동, 왕길동, 당하동, 원당동], 인천경제자유구역, 남동 국가산업단지)

○ 경기도 의정부시, 구리시, 남양주시(호평동, 평내동, 금곡동, 일패동, 이패동, 삼패동, 가운동, 수석동, 지금동, 도농동만 해당), 하남시, 고양시, 수원시, 성남시, 안양시, 부천시, 광명시, 과천시, 의왕시, 군포시, 시흥시(반월특수지역 및 해제된 지역은 제외)

세금 감면 비율

구분		과밀억제권역 내	과밀억제권역 외
일반 창업	기본	–	5년간 50%
	신성장 서비스업	–	3년간 75%+2년간 50%
벤처기업·에너지 신기술기업	기본	5년간 50%	
	신성장 서비스업	3년간 75%+2년간 50%	

청년·소규모 창업	5년간 50%	5년간 100%
창업보육센터 사업자	5년간 50%	

표에 나오는 신성장서비스업은 컴퓨터 프로그래밍, 관광숙박업, 엔지니어링사업, 직업기술 교습학원 등(조세특례제한법 시행령 제5조제12항)을 의미합니다.

감면 혜택 받는 방법

1. 사업자등록 시 전자상거래 소매업으로 정확히 등록해야 합니다.
2. 세금 신고할 때 창업감면 신청서를 같이 제출합니다.
3. 감면신청 기한을 놓쳤다면 과거 신고분도 소급해서 신청 가능합니다.

감면 적용 예시

• 26세 사업자가 서울에서 온라인 쇼핑몰 창업 →

5년간 세금 50% 감면

- 40세 사업자가 강원도에서 온라인 쇼핑몰 창업
  → 5년간 세금 50% 감면

TIP **창업감면 100% 받기 위해 지방에 있는 주소를 사도 될까요?**

국세청은 다음과 같은 방법으로 실제 사업장을 확인합니다. ① 세금계산서 발행 등 IP 추적, ② 사업 신용카드 주 사용지 확인, ③ 대중교통 이용 패턴 분석.

적발 시 불이익은 ① 5년 치 세금 한꺼번에 추징, ② 추가 과태료 부과입니다.

허위 주소지 등록은 일시적으로는 이득처럼 보일 수 있지만, 장기적으로는 큰 손해를 가지고 올 수 있습니다. 특히 용인, 송도 등의 비상주 사무실에서는 한 사업장에서만 1000개가 넘는 사업자가 등록되어 있어 국세청의 특별 관리대상입니다. 당장 적발되지 않는다고 안심해서는 안 됩니다. 국세청은 5년치 세금을 소급해 부과할 수 있으며, 일부러 바로 적발하지 않고 더 많은 세액을 쌓아 한 번에 추징하려는 경우도 많습니다. '안 걸리겠지' 하고 방치한다면, 나중에 훨씬 더 큰 세금 폭탄으로 돌아올 수 있습니다.(2024년부터 비상주사무실 주소세탁 TF팀을 꾸려 전수조사 중)

그동안 용인, 송도, 김포 등 수도권같이 보이지만 청년 창업감면에서 '수도권 과밀억제권역 외'로 지정되어 감면율이 최대 100%까지 되는 지역에 허위로 주소를 등록하는 사례가 많아지자 국세청은 법을 개정했습니다. 수도권 과밀억제권역 밖으로 구분된 곳 중에 '수도권'에 해당되는 곳은 최대 100%가 아닌 75% 감면되도록 법을 바꿨습니다. 2026년 창업하는 사업자부터 적용되므로 만약 실제로 용인, 송도, 김포 등에서 사업을 할 예정이라면 2025년에 창업하는 게 유리할 것입니다.

중소기업에 대한 특별세액감면

제조업, 도소매 사업장의 경우 중소기업 특별세액
감면을 적용받을 수 있습니다. 중소기업은 소기업,
중기업으로 구분하여 각각 아래 표와 같은 감면율
에 따라 감면을 적용받을 수 있습니다. (조세특례제
한법 제7조)

중소기업 특별세액감면

기업 규모	사업장 소재지	감면 업종	감면율
소기업	수도권 내	제조업 등	20%
		도·소매, 의료업	10%
	수도권 외	제조업 등	30%
		도·소매, 의료업	10%
중기업	수도권 외	제조업 등	15%
		도·소매, 의료업	5%

다만, 일정 매출 이상일 경우 감면받지 못하는 세금이기 때문에 매출 한도를 확인해야 합니다.

14-3

고용 관련
세액공제

통합고용 세액공제

통합고용증대 세액공제란?

사업자가 전년도보다 직원을 더 많이 고용하면, 늘
어난 직원 수에 따라 법인세나 소득세에서 일정 금
액을 공제해 주는 제도입니다. 즉, 고용을 늘린 만
큼 세금을 깎아주는 정책입니다.

조세특례제한법 제29조의8

(단위: 만 원)

구분	중소(3년간)		중견 (3년간)	일반기업 (2년간)
	수도권	수도권 밖		
청년 등[12]	1450	1550	800	400

청년 등 외[13]	850	950	450	-

기본 원리

전년도보다 상시근로자가 늘어난 경우, 증가한 인원 1명당 위 표 금액만큼 세액공제를 받을 수 있습니다.

상시근로자란?

4대보험에 가입되어 있고, 근로계약 1년 이상인 정규직 근로자를 말하며 단시간 근로자(월 60시간 미만), 임원, 대표자 가족 등은 제외됩니다.

주의사항

공제받은 과세연도부터 2년 내 전체 상시근로자 수가 과세연도에 비해 줄면 공제받았던 세액을 다시 납부해야 합니다.

---

12 청년 등 우대 공제 대상자(15~34세. 병역 이행 시 최대 6년까지 연령에서 차감 가능), 장애인, 경력 단절 여성, 60세 이상 근로자
13 청년 등 기준에 해당하지 않는 상시 근로자

PART 15

사장님,
정부지원금
놓치지 마세요

사업을 시작하고 직원들을 채용할 때, 다양한 지원금을 활용하면 초기 비용 부담을 덜 수 있습니다. 그중에서도 '청년일자리도약장 려금'과 '퇴직연금 푸른씨앗 지원금'은 직원 채용과 퇴직연금 운영 에 큰 도움이 될 수 있는 제도들입니다.

청년일자리
도약장려금이란?

청년일자리도약장려금은 중소기업이 청년층 등 취업이 어려운 구직자들을 고용할 때 정부에서 인건비 일부를 지원해 주는 제도입니다. 특히 신규 직원을 채용할 때 큰 도움이 되며, 사업 초기에 인건비 부담을 줄이는 데 유용합니다.

- **지원 대상**: 청년(만 15세~34세) 등을 고용하는 중소기업.
- **지원 금액**: 최대 1인당 연간 720만 원 지원(월 최대 60만 원).
- **지원 조건**: 고용 유지 기간 6개월 이상, 주 30시간 이상 근로.
- **신청 방법**: 고용24 웹사이트(www.work24.go.kr)를

통해 온라인으로만 신청 가능.

왜 도움이 될까요?

사업 초기에 가장 큰 고정 비용 중 하나는 인건비입니다. 이 지원금을 통해 직원 고용 시 부담을 크게 줄일 수 있으며, 이를 활용하면 보다 안정적으로 사업을 운영할 수 있습니다.

인원수 제한, 업종 제한 등이 있기 때문에 자세한 요건은 고용24 사이트에서 확인 후 신청하시면 됩니다.

퇴직연금 푸른씨앗 지원금이란?

퇴직연금 푸른씨앗 지원금은 중소기업이 퇴직연금 제도를 도입할 때 발생하는 초기 도입 비용을 정부에서 지원해 주는 제도입니다.

퇴직연금은 직원들에게 안정적인 노후 자금을 마련해 주는 중요한 제도이지만, 중소기업 입장에서는 도입과 운영 시 비용 부담이 클 수 있습니다.

이 지원금을 통해 그 부담을 덜 수 있습니다.

- **지원 대상**: 30인 이하 중소기업과 월 평균 보수가 최저임금의 130% 미만(268만 원 미만)인 근로자.
- **지원 금액**: 사용자 부담금의 10%를 최대 3년간 지원, 1인당 최대 26만 8000원.
- **지원 조건**: 퇴직연금 도입 및 운영 시작, 근로자 및 사용자가 모두 지원 대상에 해당.
- **신청 방법**: 근로복지공단 푸른씨앗(pension.comwel.or.kr)에 가입 시 지원 요건이 충족되면 별도의 신청 없이 자동으로 지원금 지급.

왜 도움이 될까요?

퇴직연금은 직원들의 복지를 향상시키고, 퇴직금 체불 위험을 줄이며, 장기적으로 회사의 인재를 안정적으로 유지하는 데 큰 도움이 됩니다. 푸른씨앗 지원금을 통해 초기 도입 비용과 운영 수수료 부담을 덜어낼 수 있어, 중소기업이 재정적인 부담 없이 퇴직연금제도를 시작할 수 있습니다. 또한 정부가 운영하는 퇴직연금이므로 안정적인 수익률과 관리

체계를 기대할 수 있으며, 직원들의 신뢰를 얻는 데도 긍정적인 효과를 줄 수 있습니다.

놓치면 안 되는 정부지원금

지원금	지원 내용	지원 조건	신청 방법
청년일자리 도약 장려금	신규 채용 시 연간 최대 720만 원 인건비 지원	청년, 취약계층 고용, 6개월 이상 근무, 주 30시간 이상	고용24 온라인 신청
퇴직연금 푸른씨앗 지원금	퇴직연금 도입 시 사용자부담금의 10% 지원(최대 3년간, 1인당 최대 26만 8000원)	30인 이하 중소기업, 월 평균 보수가 268만 원 미만인 근로자, 퇴직연금 도입 및 운영	근로복지공단 푸른씨앗 가입 시 자동 지원

15-2
창업 초기에 받을 수 있는 대출

사업자등록을 하고 플랫폼에 입점하셨다면, 목돈이 필요한 순간이 올 겁니다. 창업 초기에 이용할 수 있는 대출 옵션을 정리해 보았습니다. 각 융자 조건과 대상 요건을 꼼꼼히 확인하여 자신의 사업 상황에 가장 적합한 대출 옵션을 선택하는 것이 중요합니다.

창업 초기에 받을 수 있는 융자 종류 및 조건

융자 종류	융자 조건	대상 및 요건
운전 자금	최대 2억 원 (5년, 2년 거치 포함)	○제품 생산 비용 및 기업 경영 필요 자금 ○혁신형: 최대 2억 원 ○일반형: 최대 1억 원

시설 자금	최대 10억 원 (8년, 3년 거치 포함)	○기계 설비 도입 등에 소요되는 자금 ○혁신형: 최대 10억 원 ○일반형: 최대 5억 원
융자 규모	총 2600억 원 내외	전체 융자 프로그램 규모
신청 대상	혁신형 및 일반형 소상공인	○**혁신형** 1. 수출소상공인 2. 2년 연속 매출 10% 이상 신장 3. 스마트공장 도입 소상공인 4. 사회적경제기업 5. 강한소상공인, 로컬크리에이터 ○**일반형** 1. 스마트기술, 온라인 활용 2. 백년소상공인(백년가게) 등 혁신형 소 상공인, 신사업 창업사관학교 수료생
금리	정책자금 기준금리 +0.4%P	대출 이자율

대출 추가 요건 뭐가 있을까요?

- 쇼핑몰 운영 요건: 업력 사업 개시 6개월 이상, 통신
판매업을 신고하고 영위 중이며, 통신판매업 관
련 6개월 이상의 매출 실적이 있는 기업에 한하여
적용됩니다.
- 플랫폼 정산 주기, 왜 중요해요?: 매출대금이 들어와
야 매입대금을 지출할 수 있을 텐데, 만약 매출대
금의 정산이 바로바로 이뤄지지 않는다면 현금흐

름에 문제가 있을 수 있습니다. 따라서 매출대금 정산이 늦는 플랫폼에서 판매하는 판매자들의 경우 선정산업체나 추가 대출을 받는 경우가 많습니다. 여유 자금 확보와 정산 주기를 파악하여 사업을 운영하시는 것을 추천드립니다.

플랫폼별 정산 주기

플랫폼명	정산 주기
네이버 스마트스토어	○배송완료일 기준 8일째 자동 확정 ○구매 확정 후 1일 후 정산
쿠팡	1.5~2개월
11번가	○배송완료일 기준 8일째 자동 확정 ○구매 확정 후 2일 후 정산
큐텐	5~15일 내
라자다	7일
쇼피	7일
아마존	14일

마치며

강효정 세무사

전자상거래 전문 세무사가 필요한 이유

모든 세무사가 같지는 않습니다.

이 책을 통해 전자상거래 사업자로서 알아둬야 할 세금 지식과 절세 방법을 알아봤습니다. 어떤 부분은 이해하기 쉽고, 어떤 부분은 복잡하게 느껴지셨을 수도 있습니다. 한 페이지라도 대표님의 사업에 도움이 될 정보를 얻으셨다면, 이미 성공한 것입니다!

의사에게 전문 분야가 있듯, 변호사에게 특기 분야가 있듯이, 세무사에게도 전문 영역이 있습니다. 전자상거래는 특별한 세무 영역입니다.

전자상거래 사업은 다른 사업과 완전히 다른 특성을 가지고 있습니다.

- 다양한 플랫폼: 네이버, 쿠팡, 11번가, 자사몰 등 여러 채널을 동시에 운영
- 복잡한 수수료 체계: 플랫폼마다 다른 수수료 정책과 과금 방식
- 특수한 비용 항목: 광고비, 콘텐츠 제작비, 배송비 등 전통 사업과 다른 비용 구조
- 빠르게 변화하는 환경: 새로운 플랫폼의 등장과 정책 변경이 빈번함
- 독특한 세금 이슈: 해외 판매, 구독 모델, 디지털 상품 등에 따른 특별한 세금 문제

이런 복잡성을 고려할 때, 전자상거래에 특화된 세무 전문가의 도움은 단순한 선택이 아닌 필수입니다.

세무사 선택의 흔한 실수

과거에는 많은 사업자들이 세무사를 선택할 때 다음과 같은 기준을 중요시했습니다.

- "기장료가 저렴해요" → 가격만 보고 선택하여

전문성 없는 관리로 인해 가산세 발생
- "사무실이 가까워요" → 지리적 편의성만 고려하여 전문성 있는 소통이 어려움
- "친구가 소개해 줬어요" → 단순 지인 추천으로 인해 업종 특이성을 모름

하지만 이런 기준만으로는 대표님의 온라인 비즈니스에 꼭 맞는 절세 전략을 찾기엔 한계가 있습니다.

특히 전자상거래는 운영하시는 플랫폼과 사업 형태에 따라 적용 가능한 절세 전략이 달라지기 때문에, 꼭 제가 아니더라도 이를 정확히 이해하는 전문가와 한번 점검하시길 권해드립니다.

전문 세무사가 만드는 실질적 차이

사례 1: 매출 집계 오류로 인한 거액의 가산세

한 온라인 쇼핑몰 사업자는 국내 다양한 플랫폼에 판매하면서 매출 집계를 정확하게 하지 못해 신고 오류가 발생했고(홈택스에 오픈마켓 매출이 뜨기 전), 결국 수천만 원의 가산세가 부과됐습니다. 전자상

거래 전문 세무 관리를 통해 이러한 문제를 예방할
수 있습니다.

사례 2: 온라인 쇼핑몰의 특별 경비 인정

온라인 쇼핑몰에서는 SNS 마케팅, 인플루언서 협
업 등 일반적인 사업과는 다른 지출이 많습니다. 하
지만 이런 지출, 모르고 빠뜨리는 경우가 상당합
니다. 실제 플랫폼 특성과 사업 모델을 정확히 이해
한 전문가의 손을 거치면, 이런 비용들도 정당하게
인정받을 수 있습니다.

사례 3: 급성장 기업의 엉망이 된 재무제표

연 매출 200억 원 대로 급성장한 전자상거래 기업
은 전자상거래 특성을 모르는 세무 대리인이 회계
처리를 맡다 보니 재무제표가 완전히 엉망이 되었
습니다. 통장 잔액과 장부상 금액이 일치하지 않았
고, 인정받을 수 있는 비용들이 제대로 처리되지 않
아 불필요하게 많은 세금을 납부했습니다. 전자상
거래 전문 관리를 통해 재무제표를 재구성하고 누
락된 세액공제를 인정받아 2억 원의 세금을 환급받
을 수 있었습니다.

사업 파트너를 현명하게 선택하세요

세무사는 단순한 서류 대행인이 아닌, 대표님 사업의 중요한 파트너입니다. 특히 전자상거래라는 특수하고 케이스가 다양한 경우는 더더욱 그렇습니다.

 "모든 의사가 심장 수술을 할 수는 없듯이, 모든 세무사가 전자상거래에 최적화된 세무 서비스를 제공할 수는 없습니다."

 저희 세무법인 엑스퍼트는 "한 우물을 파는 것이 100가지 문제를 해결한다"라는 믿음을 바탕으로, 업종별 특화된 전문 세무사 시스템을 구축했습니다. 특히 전자상거래 분야에서는 엑스퍼트 강남점 대표인 제가 전자상거래의 오랜 경험과 전문성을 바탕으로 최적의 세무 솔루션을 제공해 드립니다. 여러분의 온라인 비즈니스가 세금 문제없이 성장할 수 있도록, 언제든지 도움이 필요하시면 연락 주시기 바랍니다. 여러분의 통장에 플러스만 가득하기를 진심으로 기원합니다.

세무법인 엑스퍼트 강남점 대표

강효정 세무사

02-6949-2218 | m1018@taxexpert.kr

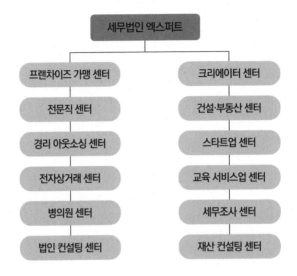

```
                    세무법인 엑스퍼트

    ┌──────────────────────┬──────────────────────┐

   프랜차이즈 가맹 센터              크리에이터 센터

     전문직 센터                 건설·부동산 센터

    경리 아웃소싱 센터               스타트업 센터

    전자상거래 센터              교육 서비스업 센터

     병의원 센터                  세무조사 센터

   법인 컨설팅 센터              재산 컨설팅 센터
```

- **엑스퍼트 지점**(임직원 80명, 소속 세무사 15명)
- 본점: 크리에이터, 건설·부동산 센터
- 마포점: 프랜차이즈 가맹점, 음식점 센터
- 논현점 및 성수점: 가업 승계 및 재산 컨설팅 센터
- 화성동탄점: 경리 아웃소싱 센터
- 강남점: 전자상거래, 스타트업 센터
- 안양점: 학원, 전문직 센터
- 창원점 및 청담점: 병의원 전문 센터
- 강남구청점: 세무조사 및 조세불복 센터

공짜로는 알 수 없는 절세 비법
전자상거래

초판 1쇄 인쇄 2025년 5월 26일
초판 1쇄 발행 2025년 6월 4일

지은이 강효정
발행인 선우지운

편집 이주희
표지디자인 공중정원
본문디자인 김민주
제작 예인미술
출판사 여의도책방

출판등록 2024년 2월 1일(제2024-000018호)
이메일 yidcb.1@gmail.com
ISBN 979-11-992079-1-2 (03320)